No se podría encontrar un libro más oportuno en un mundo convulso. *Valiente para creer*, de la pastora Angela Donadio y su padre, el veterano pastor Hubert Morris, es un inspirador estudio del apóstol Tomás, recordado históricamente como "Tomás el incrédulo". Los autores exploran la vida del discípulo a través de la narración del Nuevo Testamento y de tres encuentros menos recordados pero cruciales que tuvo con Jesús. A través del viaje de Tomás con Jesús y de las historias de los viajes ministeriales de los autores, se nos recuerda que los escépticos sinceros también pueden ser buscadores fervientes, seguidores incondicionales y líderes experimentados. Incluso pueden influir en las naciones. *Valiente para creer* es una lectura que fortalece la fe de los seguidores de Jesús y de los líderes ministeriales en tiempos difíciles. Y es un recordatorio necesario para permitir que nuestras preguntas de fe más difíciles nos lleven más cerca de Él, no más lejos. ¡Una lectura bienvenida!

—Dra. Beth Grant,
Directora Ejecutiva, Proyecto Rescate;
Presbítera Ejecutiva, Asambleas de Dios

Gracias, Hubert y Angela, por recordarnos que las decepciones no tienen por qué definirnos y que la duda no tiene por qué paralizarnos. En su viaje a través de *Valiente para creer* le animarán y le enseñarán cómo matar de hambre sus dudas y alimentar su fe.

—Doug Clay,
Superintendente General,
Concilio General de las Asambleas de Dios

Como estudiante de la Biblia de toda la vida y buscadora incansable de la verdad a menudo me he sentido atraída por los hombres y mujeres que conocieron a Jesús en carne y hueso. He anhelado saber cómo era reír con Jesús, escuchar sus conmovedoras historias y contemplar con incredulidad y asombro cómo sanaba a los enfermos y resucitaba a los muertos.

En *Valiente para creer*, los pastores Hubert Morris y Angela Donadio nos enseñan cómo pasar de ver para creer a creer, aunque no lo hayamos visto. He estado ante la tumba del apóstol Tomás en Chennai, India. Aunque Tomás es conocido por sus dudas, fue más lejos que cualquier otro apóstol del Nuevo Testamento en llevar el Evangelio a los no alcanzados. Este libro extraordinario le equipará para pelear la buena batalla de la fe y terminar la carrera que el Señor ha trazado para usted.

—Dr. James O. Davis,
Fundador y Presidente de Global Church Network

Es fácil creer en nuestras dudas y dudar de nuestras creencias cuando las circunstancias se salen de control. Este libro proporciona un poderoso restablecimiento para mantenerse firme en la fe, avanzar con decisión y reclamar tu propósito en tu generación. Todos necesitamos un recurso que nos muestre cómo la lucha contra la duda sirve para envalentonarnos y fortalecernos, ¡y este libro lo es! Es hora de dejar de permitir que nuestras dudas definan, descarrilen y deconstruyan nuestros cimientos de fe. Este libro es una hoja de ruta hacia una fe inquebrantable.

—Erica Wiggenhorn,
autora de *Dejar que Dios sea suficiente* y
Un renacimiento inesperado

¡Valiente para creer es una palabra de AHORA para el cuerpo de Cristo! Si somos honestos, todos hemos tenido nuestros 'momentos como Tomás' durante la prolongada batalla en la que hemos vivido. Haz como yo: coge tu Biblia, tu cuaderno y *Valiente para creer* y tómate un retiro personal con Dios. Dale a Dios el tiempo y el espacio para que te encuentre de nuevo, como hizo con Tomás, para reforzar tu fe y sanar tu corazón.

—Rev. Dr. Jamie Morgan,
pastor, autor, podcaster, mentor

VALIENTE PARA CREER

Cómo *la vida del* incrédulo Tomás responde a nuestras *preguntas difíciles.*

ANGELA DONADIO

Con Su Padre, HUBERT MORRIS

IRON STREAM

Birmingham, Alabama

Reverenda Angela Donadio
A Dale, mi esposo y compañero de por vida. Tu amor me sostiene en cada aventura. Tu apoyo tanto personal como teológico es incomparable, y te estaré eternamente agradecida. A Gabrielle y Christian, oro para que las palabras de su abuelo y su madre en este libro les animen a seguir siendo lo suficientemente valientes como para creer en Jesús pase lo que pase.

Reverendo Hubert Morris
Al amor de mi vida, Glenda Shows Morris, mi fiel compañera en la vida. No sería el hombre que soy hoy sin tu amor y tu apoyo. Estoy muy orgulloso de tenerte a mi lado.

Contenido

Encuentro 4

Prólogo

Cuando supe que los autores Hubert Morris y Angela Donadio estaban escribiendo un libro juntos, dije: "Ese es un libro que voy a comprar". Me atraen especialmente los libros escritos por personas motivadas por lo correcto, que practican lo que predican y tienen algo importante que decir. Hubert Morris y Angela y su libro, *Valiente para creer*, cumplen los tres requisitos.

Conozco a Hubert y a su esposa, Glenda, desde hace cuarenta años. Glenda fue mi asistente administrativa y Hubert asistió al funeral de mi madre. Los Morris han servido fielmente como pastores durante muchos años, donde se ganaron una reputación de amabilidad y compasión. Hubert también ha participado activamente en las misiones mundiales, compartiendo el mensaje de Jesús en lugares como China, Sri Lanka, Haití y otros. Además, encabezó varias actividades de Caravana de Esperanza [*Convoy of Hope*] en toda la ciudad para atender las necesidades de las personas necesitadas de la comunidad en la que ejercía como pastor.

Angela (Morris) Donadio comparte el amor de sus padres por la Palabra de Dios y su corazón por la gente. Ha servido junto a su esposo, Dale, en el ministerio pastoral durante tres décadas. Sus estudios bíblicos, podcasts y conferencias han ministrado a mujeres de todo el mundo. Su trabajo en defensa de las mujeres en África sólo expresa aún más su compromiso con el propósito del reino.

En *Valiente para creer* los autores demuestran su admiración por quienes siguieron a Jesús a toda costa y demostraron compasión a personas golpeadas por la duda y la incertidumbre. Este libro llega en un momento en que incontables millones de personas han experimentado el aislamiento, la angustia y el dolor de una pandemia no deseada. Explorando la vida del apóstol Tomás, los autores ofrecen un mapa de ruta para pasar de la incertidumbre a una fe resuelta. Relatan cómo un hombre corriente se convirtió en un cambiador del mundo y cómo fue transformado por un encuentro con Jesucristo.

Tomás se parece a muchos de los que hoy buscan respuestas a las grandes preguntas de la vida. Estoy seguro de que *Valiente para creer* te presentará a un Tomás que no conocías y te ayudará a descubrir respuestas a tus propias preguntas. Al igual que Jesús sacó a Tomás de las sombras del aislamiento y la desesperación, este libro es una invitación a una vida de fe sin compromisos y propósito sin igual [inigualable].

Hal Donaldson
Fundador/CEO
Caravana de Esperanza
[Convoy of Hope]

CAPÍTULO 1

Ansia de más

Tomás el incrédulo.

Lo más probable es que hayas oído o incluso utilizado esta frase de tres palabras en algún momento de tu vida. Para rastrear los orígenes de esta expresión común, tendrás que viajar a través de los textos antiguos de la Biblia y conocer a un hombre llamado Tomás. Quizá conozcas a Tomás por sus ataques de duda o incredulidad, pero Jesús conoció a Tomás por el valor de cuestionar y la valentía de creer. Cuando una crisis de fe reveló sus dudas más profundas, Jesús satisfizo sus anhelos más profundos. Tomás dejó atrás la incertidumbre por una vida de fe inquebrantable. Y cuando nos encontramos personalmente con Jesús, nosotros también podemos hacerlo.

Tomás experimentó cuatro grandes encuentros con Jesús que definieron la trayectoria de su vida. Mientras seguimos sus huellas polvorientas, seremos testigos de cómo cada uno de ellos convirtió a Tomás en un hombre lo suficientemente valiente como para creer en Jesús y seguirle a toda costa. La resiliencia valiente no está relegada sólo a un selecto grupo de gigantes espirituales o héroes bíblicos, sino que también se nos ofrece a nosotros.

Ansiamos el valor de mantenernos firmes en una cultura sacudida por la agitación. En medio de una pandemia mundial, los disturbios civiles, la inestabilidad financiera y la tensión en las relaciones, el persistente dolor de la incertidumbre ocupa el centro del escenario. Los trastornos desorientan. Sacudidos por el miedo, el aislamiento y la pérdida, muchos de nosotros nos cansamos y tememos tener esperanza. A pesar del aluvión de información y opiniones, nos quedamos con más preguntas que respuestas, inseguros de a quién o qué creer.

La tierra amarga de las expectativas insatisfechas es el caldo de cultivo de la decepción, y la decepción golpea a las almas más valientes. Se presenta de muchas maneras. A veces, la decepción parece un profundo dolor causado por algo que alguien nos hizo o por situaciones que escapan a nuestro control. Otras veces, nos vestimos con la decepción que tenemos de nosotros mismos, causada por nuestros errores o malas decisiones. Incluso podemos preguntarnos si nuestro propósito ha sido tomado como rehén. Una reflexión sincera nos revela los lugares en los que nuestra fe se ve empañada por lo desconocido. ¿Qué hacemos cuando la duda nos incita a preguntarnos si Dios es bueno cuando la vida no lo es?

Al examinar la vida de Tomás, encontramos un mapa de ruta que nos conduce fuera de las garras de la confusión y hacia la confianza de la fe. Tomás nunca tuvo un iPhone. No tenía seguidores en Instagram ni un podcast. No luchó contra la frustración de un viaje al trabajo por la mañana o navegar por los desafíos de liderar en la era de la iglesia en línea.

Aunque Tomás es un extraño en todos los sentidos a nuestra cultura moderna, pocas personas están más cualificadas para hablar de las preguntas que se plantea hoy nuestra generación. Su historia encierra las respuestas que buscamos.

Tal vez te estés preguntando dónde está Dios en tus circunstancias o si Él se preocupa por lo que te preocupa. Tus preguntas difíciles son oportunidades para que Dios se te revele. Él te creó con un deseo insaciable de conocerle y ser conocido por Él. En las páginas de las Escrituras se te invita a conocer al Dios que transforma el dolor de la incertidumbre en el deseo de saber más de Él. Él no te dejará en un lugar de hambre espiritual. Él te llenará con Su presencia, Su poder y Sus promesas para cada situación. Fuiste diseñado para una vida de expectativa y acción.

Puedes ser valiente para creer.

Dónde empezó todo para Tomás

¿Quién era este "Tomás el incrédulo"? Las Escrituras también se refieren a él como Dídimo, que significa gemelo o dos lados. Tal vez tenía un hermano gemelo. O puede indicar su necesidad de investigar todos los aspectos de una cuestión antes de comprometerse con ella. Aunque los Evangelios de Mateo, Marcos, Lucas y Juan no proporcionan una historia detallada, sabemos que Tomás era judío, procedía de la región de Galilea. Al crecer en hogares judíos, los niños como Tomás aprendían las historias contenidas en el Antiguo Testamento y los milagros que el pueblo de Dios experimentó a lo largo de la historia. Oían hablar de hombres como David, que derrotaron a los enemigos de Israel y honraron la presencia de Dios. Supieron de mujeres como Ester, que arriesgó su vida para salvar a su pueblo de la aniquilación.

Lo más importante es que oyeron hablar del Mesías que había de venir. Creían que el Mesías prometido traería la salvación del pecado y el alivio de la opresión del gobierno romano. Tomás anhelaba algo más que sus circunstancias actuales; anhelaba un libertador.

Se nos presenta por primera vez a Tomás como uno de los miembros de la multitud presente en las primeras etapas del ministerio de Jesús. Mateo 4:23-25 comparte:

> Jesús recorría Galilea enseñando en las sinagogas, anunciando la Buena Nueva del Reino y curando todas las enfermedades y dolencias del pueblo. Se difundió su fama por toda Siria, y la gente le llevaba a todos los enfermos de diversas enfermedades, a los que sufrían fuertes dolores, a los endemoniados, a los

que tenían convulsiones y a los paralíticos; y él los curaba. Le seguían grandes multitudes de Galilea, de la Decápolis, de Jerusalén, de Judea y de la región del otro lado del Jordán.

La noticia de Jesús corría por todas partes. Tomás escuchaba atentamente las historias de sus vecinos. Parecía inexplicable. Pero justo delante de él estaban las pruebas: los ojos ciegos podían ver, las piernas paralizadas podían moverse, las mentes atormentadas podían volver a pensar con claridad. Amigos eran liberados de su sufrimiento cuando nada más les ayudaba. Además de las curaciones, Jesús enseñaba en las sinagogas con autoridad y poder. Predicaba al aire libre sobre el Reino de Dios. Al enterarse de que Jesús enseñaba cerca de allí, Tomás decidió que, costara lo que costara, tenía que ver a Jesús con sus propios ojos. En aquella época, en Israel, un orador itinerante utilizaba a veces la ladera de una colina como anfiteatro. Atraído por una mente curiosa, un espíritu investigador y un alma sedienta, Tomás tomó asiento entre la multitud expectante.

Se presentó como un buscador [explorador] y se planteó si seguir o no a Jesús. No sólo quería escuchar a este maestro, sino que Tomás también quería saber que escuchaba la verdad. Lleno de preguntas, pensó que Jesús podría ser la respuesta. El aire de la montaña se llenó de emoción mientras la multitud esperaba con impaciencia. *Jesús estaba aquí.* Amanecía un nuevo día, distinto a todos los anteriores.

Mateo 5:1-2 dice: "Cuando vio a las multitudes, subió a la ladera de una montaña y se sentó. Sus discípulos se le acercaron, y tomando él la palabra, comenzó a enseñarles diciendo". El Evangelio de Mateo, capítulos 5-7, contiene muchos principios para vivir el reino de Dios en la tierra. En el "Sermón de la Montaña", Jesús compartió Las Bienaventuranzas, bendiciones para nuestras vidas. Tomás escuchó y percibió algo diferente en Jesús.

Jesús habló de un Dios amoroso y bondadoso que quería que la gente fuera bendecida. Describió cómo debíamos vivir, amar a nuestros enemigos, dar a los necesitados y orar. Nos orientó sobre qué hacer con la preocupación y la ansiedad y nos advirtió sobre nuestra propensión a juzgar a los demás. Enseñó lo que significa ser un verdadero discípulo e imploró a todos que buscaran el Reino por encima de todo. Tomás estaba pendiente de cada una de sus palabras.

> Dichosos los pobres en espíritu,
> porque el reino de los cielos les pertenece.
> Dichosos los que lloran,
> porque serán consolados.
> Dichosos los humildes,
> porque recibirán la tierra como herencia.
> Dichosos los que tienen hambre y sed de justicia,
> porque serán saciados.
> Dichosos los compasivos,
> porque serán tratados con compasión.
> Dichosos los de corazón limpio,
> porque ellos verán a Dios.
> Dichosos los que trabajan por la paz,
> porque serán llamados hijos de Dios.
> Dichosos los perseguidos por causa de la justicia,
> porque el reino de los cielos les pertenece.

Dichosos serán ustedes cuando por mi causa la gente los insulte, los persiga y levante contra ustedes toda clase de calumnias. Alégrense y llénense de júbilo, porque les espera una gran recompensa en el cielo. Así también persiguieron a los profetas que los precedieron a ustedes. (Mateo 5:3-12)

Los pensamientos de Tomás se agitaron. Tengo *hambre y sed de justicia. . .. Quiero conocer y ver a Dios. . .. Quiero saber cómo heredar el reino de Dios. . .. **Tengo que saber***. *He escuchado muchas voces de opinión y sin embargo nada me satisface. Estoy tan cansado de sentirme inseguro. Quiero creer que Jesús tiene las respuestas que busco. ¿Puedo confiar verdaderamente en Él?*

"Cuando Jesús terminó de decir estas cosas, las multitudes se asombraron de su enseñanza, porque les enseñaba como quien tenía autoridad, y no como los maestros de la ley. [de Moisés]" (Mateo 7:28-29).

A medida que Tomás escuchaba las enseñanzas de Jesús, empezaba a adquirir más seguridad para confiar más en Jesús. Ansioso y desesperado, algo en su interior no se contentaría hasta acercarse a ese maestro llamado Jesús. Veremos que Jesús lo llamó de entre la multitud para responder a su profundo dolor del alma y utilizarlo en gran medida en el reino. Todo comenzó porque Tomás decidió presentarse. Tomás se convirtió en uno de esos discípulos, "seguidores de Jesús", dispuestos a ser enseñados por Él.

Tal vez, como Tomás, acabas de encontrarte en medio de la multitud, inseguro de quién es Jesús. Tu ansia de saber más puede llevarte hacia Jesús o alejarte de Él. La fe puede vencer tu miedo cuando permites que te acerque a Jesús. Si nunca has aceptado a Jesucristo como tu Salvador personal, puedes comenzar tu viaje con esta sencilla oración: *Jesús, sé que soy un pecador. Creo que Tú eres el Hijo de Dios. Creo que moriste en la cruz por mis pecados y que resucitaste. Te pido que perdones mis pecados y te conviertas en Señor de mi vida. Amén.*

Nuestro punto de partida no es nuestro punto de llegada

Cuando entramos en una relación con Jesús, crecemos en relación con otros creyentes. Tras una pandemia mundial, muchos se alejaron del sentido de comunidad. Para algunos, el abismo de la incertidumbre se convirtió en una oscura separación de amigos, compañeros de trabajo e incluso familiares. Sin embargo, no tenemos por qué permanecer en la sombra. Es hora de salir de la cueva del aislamiento y entrar en comunidad con aquellos que eligen la fe en Jesucristo. Podemos reemplazar el aislamiento por la asociación con otros seguidores de Jesús.

Tomás hizo exactamente eso. Siguió a Jesús montaña abajo, y su fe en Jesús creció a medida que presenciaba lo milagroso:

- Jesús invadió el territorio donde los demonios tenían cautiva a la gente y liberó a un hombre de un espíritu maligno. Jesús dijo a los espíritus malignos que se fueran y ellos obedecieron. Tomás nunca había visto nada igual.
- Jesús fue a casa de un discípulo, Pedro, donde su suegra yacía enferma. La curó en un instante. Todo el pueblo se reunió a su puerta, y Jesús curó a muchos enfermos y endemoniados hasta altas horas de la noche.
- Unos hombres llevaron a Jesús a un paralítico, pero no pudieron atravesar la multitud. Tomás vio con asombro cómo los amigos del hombre hacían un agujero en el techo y bajaban al hombre hasta Jesús. Antes de curar al hombre, Tomás oyó a Jesús decir con autoridad: "Tus pecados te son perdonados".

Tomás se quedó asombrado ante la compasión que Jesús demostró por los que sufrían, Jesús curó un día sábado, limpió a los leprosos y tocó a los marginados de la sociedad. Tomás observó la evidente diferencia entre lo que sabía de la ley y de los rabinos de la época y lo que veía y oía de este nuevo maestro.

Jesús se separaba de las enseñanzas del mundo, de las culturas cambiantes y de las filosofías del mundo. Él no se parecía a los líderes de las religiones hechas por el hombre, que sólo ofrecen la búsqueda incesante de nuestras obras para liberarnos de la culpa y del pecado que nos separan de Dios. Los mecanismos artificiales son sólo un espejismo; no pueden salvarnos. En nuestro afán por arreglar las cosas podemos agotarnos intentando encontrar la libertad. Podemos atar nuestra esperanza a otras fuentes de seguridad en lugar de confiar plenamente en Dios. No basta con ser un simple buscador de la verdad; debemos ir a la fuente de la verdad, como hizo Tomás. Sólo Jesús tiene el poder y la autoridad para perdonar el pecado.

Jesús tenía autoridad desde el principio de la creación del universo. Juan 1:1-2 dice: "En el principio era el Verbo, y el Verbo estaba con Dios, y el Verbo era Dios. Él estaba con Dios en el principio". Y continúa en el versículo 14: "Y el Verbo se hizo hombre y habitó entre nosotros. Y hemos contemplado su gloria, la gloria que corresponde al Hijo unigénito del Padre, lleno de gracia y de verdad".

Jesús es plenamente Dios. La Biblia también nos dice que Jesús es el principio y el fin, el mismo ayer, hoy y siempre. Aunque la vida puede ser incierta, Su carácter es inmutable. Sólo Él es digno de nuestra fe y devoción. Podemos cambiar nuestra incertidumbre por la confianza en su autoridad. Él transforma las experiencias dolorosas en oportunidades para crecer más cerca de Él. Él nos capacita para guiarnos con valentía en cada estación de la vida.

Este libro nos guía a través de los cuatro principales encuentros entre Tomás y Jesús. Al explorarlos, encontraremos respuestas a muchas de las preguntas que nos hacemos hoy.

- ¿Cómo escucho a Dios?
- ¿Qué hago con mis dudas?
- ¿Qué necesito saber sobre Jesús para confiar plenamente en Él?
- ¿Es Jesús el único camino al cielo?
- ¿Cómo puedo estar seguro de que iré al cielo cuando muera?
- ¿Cómo puedo desenredarme de la incertidumbre y afrontarla piadosamente?
- ¿Cómo puedo conocer mi propósito y las formas en que Dios quiere usarme en mi generación?
- ¿Cuáles son las barreras a la valentía y cómo puedo eliminarlas?
- ¿Cómo aprovecho la adversidad?

- ¿Qué me ayudará a seguir bien a Jesús y a liderar con confianza?

Amigo, nos embarcamos en un viaje no sólo para conocer a Tomás o las respuestas que buscamos. Vamos a conocernos a nosotros mismos más auténticamente y al Dios que nos ama más íntimamente. Queremos proporcionarte herramientas para que te despegues, y te mantengas, de los lugares de dolor que te están alejando de Dios. Queremos caminar contigo mientras procesas tus preguntas difíciles a través del filtro de Su bondad. Es posible sentirse firme ante la incertidumbre y recuperar la paz en medio del agobio. La decepción puede ser el catalizador no de la apostasía espiritual, sino del despertar espiritual.

No importa en qué punto de tu camino de fe te encuentres—buscador, escéptico o líder experimentado—Jesús te invita a ser lo suficientemente valiente como para creer en Él y defender lo que crees. La historia de Tomás te ayudará a saber cómo vivir libre de la incertidumbre y atento a Su propósito. Descubrirás formas de aprovechar la adversidad como una oportunidad para un crecimiento espiritual sin igual. Adquirirás la capacidad de liderar con confianza a través de circunstancias desafiantes. Al escribir este libro, nuestro mayor objetivo es que te encuentres siguiendo a Tomás hacia una vida que nunca antes soñaste: una vida de fe tenaz.

El punto de vista de un padre y su hija

Como coautores de este libro, escribimos juntos cada capítulo gracias a Google Docs, reuniones personales y cientos de horas de llamadas telefónicas. También hemos incluido secciones denominadas "De cerca" en las que hemos compartido nuestras experiencias de vida individuales a lo largo de más de ochenta años de ministerio. Nos ha encantado escribir este libro y orar por ti. Creemos que encontrarás a Dios de una manera nueva a través de la vida de Tomás.

De cerca con Angela

El concepto de este libro se me ocurrió por primera vez en noviembre de 2020 mientras mi esposo Dale y yo nos reagrupábamos durante unos días en la casa de playa de un amigo en Outer Banks, Carolina del Norte. La mayoría de nosotros nos encontrábamos en las garras de COVID-19, en una tormenta política y en general en un terreno desconocido. A pesar de llevar treinta años en el ministerio a tiempo completo, me costaba ver la mano de Dios en medio de todo aquello. Me identificaba a mí misma como una seguidora incondicional y una líder experimentada, pero la incertidumbre y la adversidad descubrieron áreas en las que también me identificaba como una buscadora y una escéptica. Intelectualmente, conocía a Dios como presente, soberano y bueno. Sin embargo, emocionalmente, luchaba por manejar la tensión entre la duda y la fe, y sabía que no estaba sola.

Tal vez no haya mejor escenario para procesar pensamientos de intranquilidad y emociones agitadas que la vista del océano. Me quedé mirando la inmensidad del cielo y el mar y reflexioné sobre los retos inesperados de los meses anteriores, que arremetieron contra nosotros como el romper de las olas. Además de una crisis mundial y nacional, pasé el año curándome de las heridas sufridas en un accidente de auto. Mientras cruzaba un semáforo en verde a cuarenta y cinco millas por hora, otro conductor no me cedió el paso y embistió mi vehículo. Me desmayé por el impacto, crucé un carril de tráfico y recobré el conocimiento en una acera. La bolsa de aire se activó y, como consecuencia, mi coche se llenó de una neblina de humo púrpura. Sufrí lesiones en ambas manos y muñecas, que requirieron que me enyesaran la mano derecha dominante y dos intervenciones quirúrgicas en la mano izquierda. Sufrí una conmoción cerebral grave y una lesión cervical que resultaron ser una némesis formidable que requirió una variedad de tratamientos para detener los debilitantes dolores de cabeza durante los siguientes meses.

No soy ajena a la adversidad pues soy sobreviviente de dos crisis de salud cercanas a la muerte en 2001 y 2003. Ahora he añadido nuevas cicatrices a mi colección, unas que puedo ver fácilmente en mi mano y muñeca. Al igual que las otras, se han convertido en recuerdos, no sólo de una temporada oscura, sino del Dios que es nuestro refugio. Él promete un propósito a partir del dolor.

De alguna manera, el efecto complejo de una recuperación dolorosa además de todo lo que nos pidieron en 2020 puso a prueba mi fe de nuevas maneras. Como pastores de la iglesia River of Life de Virginia, Dale y yo nos enfrentamos a las exigencias sin precedentes de ofrecer la mejor experiencia posible de iglesia en línea tras un cierre nacional. Apenas unas semanas después de la reapertura, Dale y varios miembros de nuestro personal enfermaron de COVID-19, algunos de los cuales tuvieron que ser hospitalizados. Avanzamos por segunda vez con la dinámica única de la reducción de multitudes y el distanciamiento social. Estabamos muy impactados por los profesores y los padres que se esforzaban por aprender en línea y trabajar desde casa, por el personal sanitario agotado por las largas horas de trabajo y las exigencias brutales, y por las iglesias en el extranjero que no podíamos visitar.

Por encima de todo, ansiábamos más de Dios. Surgimos con más dependencia que nunca del Espíritu Santo. El dolor de una crisis simplemente revela lo que hay debajo de la superficie que necesita trabajo. Los problemas y los inconvenientes ponen de relieve lo que necesita ser recalibrado en la presencia de Dios y reiniciado en la Palabra de Dios.

Así que, de vuelta a la playa. Escribí esto en mi diario: "Todos las tenemos. A veces sólo las pensamos. No queremos que nadie nos oiga decirlas en voz alta. Escondidas, en espacios silenciosos, tenemos dudas. Otras veces, las gritamos en voz alta para que todo el mundo las oiga. Dios, ¿eres bueno? ¿Eres quien dices ser? ¿Dónde estás Tú en esto?"

Mientras caminaba por las orillas arenosas, llamé a mi padre y compartí con él algunos de mis pensamientos. Mi padre es mi héroe en la fe. Él y mi madre me inculcaron el amor que siento por la Palabra de Dios. Mi viaje interior en mis momentos de silencio con Dios me había estado llevando a la vida de Tomás. No sabía que Dios también había puesto a Tomás en el corazón de mi padre. Mientras hablábamos, Dios comenzó a depositar revelaciones que se convertirían en el libro que ahora tienes en tus manos.

Este es el libro que necesitaba leer. Abordaba mis propias preguntas difíciles. En Tomás encontré un compañero de viaje y un amigo de confianza que nos conduce a una vida de fe tenaz. Mi oración es que en estas páginas te acerques lo suficiente a Jesús como para dejar atrás la incertidumbre y encontrar la valentía de creer.

De cerca con Hubert

Sentí una profunda alegría y un gran honor cuando mi hija Angela me sugirió que escribiéramos juntos este libro. Mi esposa Glenda y yo hemos criado a tres hijas que son mujeres de fe en Jesucristo. Ellas han visto a Jesús obrando en sus vidas cuando se han enfrentado a decisiones y oportunidades.

A lo largo de más de cincuenta años en el ministerio cristiano a tiempo completo, he sido testigo de cómo se disipaban las dudas de innumerables personas cuando el poder del amor de Cristo y Su presencia les traían las respuestas que necesitaban. La fe, la certeza y la confianza en Dios son algo hermoso. Lo he visto suceder con la gente en las iglesias donde dirigí como pastor, con los estudiantes universitarios donde serví como vicepresidente de la Universidad Evangel en Springfield, Missouri, y con los seiscientos adultos mayores donde ministré como pastor.

Tuve una experiencia que implicaba a "Tomás el incrédulo" cuando mi esposa y yo hicimos un viaje a Fresno, California, en el otoño de 2019. Pasamos unos días con nuestra nieta y su esposo y asistimos a su iglesia un domingo por la mañana. Cuando entramos en el vestíbulo de la iglesia en Mountain View Community Church, vi una pintura del apóstol Tomás colgada allí. Lo estudié un momento y me quedé con la boca abierta. El artista representaba a Jesús agarrando el brazo de Tomás, acercándolo a Sí mismo, invitándole a meter el dedo en la herida del costado de Jesús. No pude contener las lágrimas. Aquella experiencia me hizo querer compartir la historia de Tomás y Jesús.

La representación del Hijo de Dios resucitado, haciendo lo que fuera necesario para llevar a Tomás a una fe que cambiara su vida me impresionó sobre Jesús de una manera más profunda. Jesús hizo todo lo que Tomás necesitaba para restaurar su fe y su devoción por Él. Tomás nunca más se preguntaría sobre el poder de la resurrección de Jesucristo y la divinidad de Jesucristo, el Hijo de Dios. Compartí con Angela mi experiencia sobre el cuadro de Tomás y Jesús. Esto confirmó en su corazón que debíamos escribir este libro juntos.

Durante mis años de ministerio he sido testigo de cómo Jesús hacía todo lo necesario para devolver la fe a muchas personas llenas de dudas. Este libro está escrito con la esperanza y la convicción de que la historia de Tomás hará tu fe más fuerte y te fortificará para afrontar las incertidumbres del futuro. Como Tomás, puede que simplemente necesites un nuevo encuentro con Jesús que te haga lo suficientemente valiente como para creerle y defenderle.

Necesitarás valentía y confianza en Jesucristo para afrontar los continuos trastornos y conflictos en la tierra. Te encontrarás con la adversidad. Este libro te ayudará no sólo a enfrentarla, sino a aprovecharla para tu propio crecimiento espiritual y para animar a otros. Serás edificado en tu vida de oración y en tus emociones y fortalecido para enfrentar cualquier ataque de Satanás y sus emisarios. Dios te demostrará su fidelidad, como lo hizo con Tomás.

Acércate

Enseñanza aprendida
Nuestro punto de partida no es nuestro punto de llegada.

Amigo, nos embarcamos en un viaje, no sólo para conocer a Tomás o las respuestas que buscamos. Vamos a conocernos a nosotros mismos más auténticamente y al Dios que nos ama más íntimamente. Al comenzar, estas reseñas de los capítulos tres preguntas te ayudarán a identificar tu punto de partida.

1. Tomás se presentó como buscador y se planteó si seguir o no a Jesús.

   ¿Te caracterizarías tú por ser un buscador, un escéptico, un seguidor convencido o un líder experimentado?

2. En las páginas de las Escrituras se te invita a conocer al Dios que transforma el dolor de la incertidumbre en el deseo de más de Él. Él no te dejará en un lugar de hambre espiritual. Él te llenará con Su presencia, Su poder y Sus promesas para cada situación. Fuiste diseñado para una vida de expectativa y acción.

   ¿Cuál es una forma en la que quieres crecer en una fe valiente mientras estudias la vida de Tomás?

3. Al explorar los cuatro encuentros principales entre Tomás y Jesús, encontraremos respuestas a muchas de las preguntas que nos hacemos hoy.

   ¿Cuál de las diez preguntas que enumeramos en el capítulo 1 necesita más respuesta en este momento de tu vida?

ENCUENTRO 1

Llamado de entre la multitud

Las Escrituras están repletas de encuentros con Dios, momentos en los que Dios llamó a hombres y mujeres corrientes a hacer cosas extraordinarias. Para algunos, la llamada se produjo a través de un acontecimiento dramático. Moisés escuchó a Dios hablarle desde una zarza ardiente en el desierto. María recibió el encargo divino de un mensajero angélical de dar a luz al Mesías. Saulo cayó al suelo durante un viaje para perseguir a los creyentes en Damasco, cegado por una luz brillante y abordado por la voz de Jesús.

Otros experimentaron que Dios les hablaba de forma silenciosa y discreta, aunque no por ello menos significativa. Elías esperó en la ladera de una montaña en medio de una tormenta de viento, un terremoto y fuego para discernir el suave susurro de Dios. Nicodemo se reunió en privado con Jesús al amparo de la oscuridad para comprender lo que significaba nacer de nuevo. Tomás escuchó cómo Jesús le llamaba de entre la multitud para convertirse en apóstol, no en medio de la fanfarria y el espectáculo, sino desde un lugar solitario de oración.

Por aquel tiempo se fue Jesús a la montaña a orar, y pasó toda la noche en oración a Dios. Al llegar la mañana, llamó a sus discípulos y escogió a doce de ellos, a los que nombró apóstoles: Simón (a quien llamó Pedro), su hermano Andrés, Jacobo, Juan, Felipe, Bartolomé, Mateo, Tomás, Jacobo hijo de Alfeo, Simón, al que llamaban el Zelote, Judas hijo de Jacobo, y Judas Iscariote, que llegó a ser el traidor. (Lucas 6:12-16)

Este momento crucial dio comienzo al primero de los cuatro encuentros registrados entre Tomás y Jesús. Éste recibió la confirmación de su Padre Celestial para elegir a Tomás y a los otros once Apóstoles tras pasar toda una noche en oración. Un *apóstol* se define como "un enviado con una comisión especial", "un agente/representante autorizado".[1] Esto significaba el propósito distinto que Dios planeaba para la vida de Tomás.

La llamada de Tomás a convertirse en apóstol constituyó un compromiso mucho mayor que el de un simple oyente entre la multitud. Abandonó con valentía la comodidad y la seguridad de todo lo que conocía para abrazar la misión de Jesús. Entró en una época de preparación, mientras Jesús trataba de ayudar a los apóstoles a comprender verdaderamente Su misión para que pudieran ser una prolongación de Sus manos. Desempeñaron un papel único en la fundación de la Iglesia tras la muerte y resurrección de Jesús. En el próximo capítulo, viajaremos con Tomás para ver cómo Jesús envió a los apóstoles a ministrar por su cuenta. Primero, examinemos algunas de las formas que conocemos para cumplir el llamado de Dios en nuestras vidas.

Comienza con la oración

Jesús concedió un gran valor a la oración, como demuestra el modo en que la oración precedió al llamado de Tomás. Jesús daba la máxima prioridad a su unidad con el Padre. A menudo encontraba lugares solitarios para orar largamente a Su Padre antes de tomar decisiones. Cuando Tomás y los apóstoles fueron testigos del compromiso de Jesús con la oración, le pidieron que les enseñara a orar. Él les respondió con lo que llamamos "El

Padre Nuestro". Él modeló este modelo de oración para Sus apóstoles y para nosotros.

Mateo 6:9-15 dice,

> Ustedes deben orar así:
> "Padre nuestro que estás en el cielo,
> santificado sea tu nombre,
> venga tu reino,
> hágase tu voluntad
>   en la tierra como en el cielo.
> Danos hoy nuestro pan cotidiano.
> Perdónanos nuestras deudas,
>   como también nosotros hemos perdonado
> a nuestros deudores.
> Y no nos dejes caer en tentación,
> sino líbranos del maligno".

Porque, si perdonan a otros sus ofensas, también los perdonará a ustedes su Padre celestial. Pero, si no perdonan a otros sus ofensas, tampoco su Padre les perdonará a ustedes las suyas.

Aprendemos mucho de Jesús en este pasaje. Si Él necesitaba orar, cuánto más necesitamos nosotros dedicar tiempo a la oración. Esta es una forma primordial de desenredarnos de la incertidumbre y escuchar a Dios. La oración es una conversación que comienza con un enfoque vertical a medida que alineamos nuestro corazón y voluntad con el Padre. Jesús comenzó haciendo hincapié en Padre "nuestro", no sólo en Mi Padre. Él nos lleva con Él a la presencia del Padre cuando intercede por nosotros en la oración. Cuando oramos a nuestro Padre, empezamos con una mentalidad que incluye y valora las relaciones con los demás. El nombre del Padre debe ser santificado o reverenciado en la oración. Cuando lo honramos de esta manera, Él libera poder para cumplir Su voluntad. En el ejemplo de Jesús, vemos cómo someter nuestra voluntad al Padre e invitar a Su Reino a reinar en la tierra y en nuestros corazones.

Jesús pasó de un enfoque hacia arriba a un enfoque hacia adentro. A través de la oración, reconocemos nuestra dependencia de Dios para la provisión diaria de nuestras necesidades terrenales. Pedimos perdón por nuestros pecados y la gracia de perdonar a los demás. Recibimos la liberación de cualquier tentación que amenace con descarrilar el llamado de Dios a nuestras vidas, dándonos el poder para vivir en victoria.

Sólo podemos imaginar lo que fue para Tomás aprender de Jesús cara a cara... mirarle a los ojos mientras enseñaba... caminar con Él por las calles del pueblo y verle sanar. Sin embargo, podemos llegar a conocer a Jesús íntima y personalmente a través de Su Palabra y de nuestro tiempo de oración con Él. La oración es la fuerza que da vida a nuestra relación con Dios cuando nos comunicamos con Él.

La oración precedió al ministerio de Jesús y sus apóstoles. No podemos exagerar la importancia de la oración cuando buscamos encontrar a Dios y hacer lo que Él nos llama a hacer. Oswald Chambers dijo: "La oración no nos equipa para obras mayores—la oración *es* la obra mayor".[2] Fortalecemos la potencia de nuestra vida de oración a medida que entrenamos nuestro oído para escuchar la voz de Dios. Permitirnos momentos de silencio y reflexión durante la oración, no para vaciar nuestra mente, sino para aquietarla y que Dios pueda renovarla. Podemos poner en práctica las mismas valiosas claves que Jesús enseñó a Tomás cuando aprendemos a escuchar bien:

- Busca un lugar solitario para orar.
- Libérate de las distracciones.
- Enmarca tu situación con la verdad de la Palabra de Dios.

La oración prepara nuestros corazones para recibir orientación, al igual que Jesús recibió confirmación de su Padre a lo largo de su ministerio. Dios nos da dirección y claridad de varias maneras. En primer lugar, podemos leer un pasaje de las Escrituras que parece saltar de la página cuando el Espíritu Santo lo ilumina. A veces, podemos recibir la confirmación de una respuesta cuando las circunstancias se alinean de una manera que sólo Dios podría haber hecho posible. Aún más, Dios puede cerrar una puerta y darnos la paz que necesitamos para confiar en que estamos en el centro de Su voluntad. **Los resultados se originan en la oración.** El autor y experto en liderazgo Jessie Seneca afirma: "La obediencia depende de ti. El resultado depende de Dios".[3]

A medida que nos dedicamos a la oración y a Su palabra, Jesús nos conduce de un lugar de partida a un lugar de envío. Al igual que dedicó tiempo para preparar a Tomás y a los demás apóstoles, nos prepara a nosotros antes de enviarnos. Cuando empezamos en la multitud, podemos encontrar seguridad en los números. La multitud puede permitirnos permanecer en el anonimato y sin desafíos. La multitud es ruidosa y está llena de distracciones. Sin embargo, a medida que nos acercamos a Jesús a través de la oración y la relación, crecemos en nuestra identidad en Él y nuestra influencia con los demás. Impactamos nuestra cultura *para* Jesús cuando estamos lo suficientemente cerca de Él para ser enseñados y cambiados *por* Jesús. Esto lleva al cumplimiento exitoso del llamado individual de Dios sobre nuestras vidas.

Llamados por Dios

Aunque no seamos uno de los doce apóstoles, tenemos mucho en común con Tomás. Estamos llamados primero a la salvación y después al servicio. Dios te conoce, te ama y te ha elegido para que marques la diferencia en la vida de los demás. 1 Pedro 2:9 dice: "Pero ustedes son linaje escogido, real sacerdocio, nación santa, pueblo que pertenece a Dios, para que proclamen las obras maravillosas de aquel que los llamó de las tinieblas a su luz admirable." Exploremos la forma en que este versículo enmarca nuestra vocación.

En primer lugar, Dios nos llama a cada uno de nosotros a salir de las tinieblas y a entrar en la luz de su salvación y de su gracia. Somos confrontados con la decisión de aceptar a Jesús, abandonar nuestro pecado y recibir Su perdón. Este llamado puede venir de leer o escuchar la Palabra de Dios, de un sermón, o a través del testimonio de otro creyente. Jesús también llama a la gente a través de sueños, encuentros y milagros. Cuando lo aceptamos con fe, Él nos perdona y habita en nosotros a través del Espíritu Santo. Con este paso valiente, comenzamos una nueva vida, transformada por el amor y la misericordia de Dios.

En segundo lugar, Dios nos llama a una relación con Él como posesión suya. Nos conoce íntimamente y nos llama por nuestro nombre, como hizo con Tomás. Como portadores de la imagen de Dios, aprendemos su carácter, que nos ayuda a discernir su voz. Juan recoge las palabras de Jesús en Juan 10:27: "Mis ovejas oyen mi voz; yo las conozco y ellas me siguen". Tres voces compiten por nuestra atención: La de Dios, la de Satanás y la nuestra. ¿Cómo podemos distinguirlas?

La voz de Dios nunca refutará Su Palabra escrita. A veces, podemos necesitar que otros creyentes nos ayuden a filtrar lo que creemos estar oyendo de Dios. Evitamos el error y permanecemos de acuerdo con la voluntad de Dios cuando confirmamos que una decisión se alinea con la Biblia. Dios puede hablarnos a través de nuestra conciencia para alejarnos del mal y conducirnos a Su voluntad. Podemos sentir Su voz audible dentro de nuestra mente y espíritu interior. Incluso cuando los cielos parezcan silenciosos, no permitas que la duda ahogue la confianza en que Dios escucha y responde. Estas estaciones sirven para profundizar nuestra fe mientras dependemos plenamente de la gracia de Dios y de Su Palabra escrita como nuestra autoridad final.

La segunda voz que oímos es la del Enemigo. Satanás busca condenar, mientras que el Espíritu Santo busca convencer. La convicción se basa en el amor. La condena tiene sus raíces en la vergüenza. Aunque ambas nos causan dolor, la convicción es esperanzadora, pero la condenación nos lleva a la desesperanza. Santiago 4:7 nos da pasos que podemos tomar para negar la voz del Enemigo. "Así que sométanse a Dios. Resistan al diablo, y él huirá de ustedes." No entres en diálogo con el Enemigo ni dejes que te intimide. Confía en Dios para que te dirija; Él es más grande.

La voz que oímos con más frecuencia es la nuestra, y es fuerte. Podemos experimentar momentos de incertidumbre al intentar distinguir la voz de Dios de la nuestra. El pastor Mark Ballenger lo expresa de esta manera: "Tu voz te sirve a ti. La voz de Dios sirve a Dios".[4] Nuestros motivos egoístas pueden enturbiar fácilmente las aguas de la decisión. Obtenemos claridad cuando esperamos en Dios y reunimos toda la información pertinente. Filipenses 4:6-7 nos dice qué hacer en estas situaciones: "No se inquieten por nada; más bien, en toda ocasión, con oración y ruego, presenten sus peticiones a Dios y denle gracias. Y la paz de Dios, que sobrepasa todo entendimiento, cuidará sus corazones y sus pensamientos en Cristo Jesús." Podemos dar audazmente un paso adelante en la fe, guiados por la paz de Dios y la seguridad de que nuestra decisión no violará Su Palabra. Cuando honramos a Dios con nuestra obediencia, Él ordena nuestros pasos.

Como posesión de Dios, estamos llamados a amarle y a amar a su pueblo. En última instancia, el llamado a Tomás y a nosotros es el mismo: dar gloria a Dios y llevar a los demás hacia Él. El *cómo* lo hacemos está diseñado a medida por nuestro Creador. Las Escrituras utilizan indistintamente los términos llamado y vocación. La autora y presentadora de televisión Paula Faris describe la vocación de esta manera: "Tienes dos llamados: fe y vocación. Tu llamado 'de fe' es tu propósito, la razón por la que estás aquí en la tierra. Tu vocación es el vehículo, el conducto por el que cumplirás tu propósito".[5]

Logramos nuestro propósito a través de nuestra pasión y dones en formas diseñadas por Dios. La Dra. Naomi Dowdy comparte: "Una unción viene de tu don, pero la gracia viene sobre tu vida y es por la gracia de Dios que funcionarás".[6] Dios bendice o unge nuestro propósito único para Su gloria. Él nos da la gracia para caminar dignos de nuestro llamado, compartir el evangelio, y tratar a otros de una manera que honre el nombre de Cristo.

Por último, 1 Pedro 2:9 dice que Dios nos llama a proclamar sus alabanzas y a mostrar a los demás su bondad. Primero debemos creer que Dios *es* bueno, amoroso, misericordioso y justo antes de que podamos expresar Su carácter a los demás. Hebreos 11:6 comparte esto: "En realidad, sin fe es imposible agradar a Dios, ya que cualquiera que se acerca a Dios tiene que creer que él existe y que recompensa a quienes lo buscan."

Tomás demostró una fe valiente al confiar en Jesús, seguirle y guiar a otros hacia Él. Debemos ser lo suficientemente valientes no sólo para creer que Dios existe, sino también que recompensa a los que le buscan. El enemigo quiere que creamos las mentiras de que Dios *no* es bueno, que *no es* digno de confianza y que *no puede* utilizarnos. El Enemigo intenta convencernos de que no tenemos nada que ofrecer a Jesús e intenta influir en nosotros para que mantengamos las distancias con Él. Jesús nos invita a acercarnos cada vez que la duda intenta desplazar a la fe.

Al pasar de un lugar de partida a un lugar de envío, tenemos que dejar atrás todo lo que nos mantiene marginados o ineficaces. Esto incluye barreras internas y externas que provienen de un lugar de incredulidad. El poeta y maestro de la Biblia Jackie Hill Perry comparte: "El suelo del cual todo pecado crece es la incredulidad. Contrarrestamos la incredulidad a través de la fe que proviene de la comprensión del carácter de Dios. Al estudiar la historia de Su trato con la humanidad, Su Palabra revela que Él es inmutable y bueno... completamente sabio... santo y totalmente digno de confianza. santo y totalmente digno de confianza. La fe en Dios sustituye a la incredulidad".[7]

La incredulidad se aprovecha de nuestra vulnerabilidad de formas inesperadas. Amenaza nuestra confianza en Dios cuando un ser querido enfermo no se recupera. Ahoga nuestro progreso cuando un sueño se ve aplastado por el divorcio. Ensombrece nuestro futuro cuando sufrimos pérdidas económicas devastadoras.

Puede que nos cueste creer que a Dios le importamos. La fe valiente cree que Jesús dio su vida por nosotros, resucitó de entre los muertos y ascendió al cielo, donde intercede por nosotros. Puede que nos cueste creer que la respuesta está en camino. La fe valiente cree que Dios es plenamente digno de confianza en la espera. Puede que nos cueste creer que Dios nos capacitará para guiarnos a través de los desafíos de la vida. La fe valiente cree que Dios nos impartirá una mayor unción y esfera de influencia a través del Espíritu Santo a medida que confiamos en Él.

Podemos sentirnos indignos de que Dios nos utilice para mostrar Su bondad a los demás cuando vivimos a la sombra de nuestro pasado. Eliminamos las barreras *internas* de miedo y vergüenza a través de nuestra comprensión y aceptación de la gracia de Dios. Podemos experimentar la oposición de barreras *externas* mientras buscamos avanzar en el llamado de Dios a nuestras vidas. Éstas pueden venir en forma de presiones financieras, pérdida de seguridad o desafíos relacionales. Eliminamos las barreras a la valentía mediante el estímulo que encontramos en Tito 3:4-7:

> Pero, cuando se manifestaron la bondad y el amor de Dios nuestro Salvador, él nos salvó, no por nuestras propias obras de justicia, sino por su misericordia. Nos salvó mediante el lavamiento de la regeneración y de la renovación por el Espíritu Santo, el cual fue derramado abundantemente sobre nosotros por medio de Jesucristo nuestro Salvador. Así lo hizo para que, justificados por su gracia, llegáramos a ser herederos que abrigan la esperanza de recibir la vida eterna.

Somos coherederos con Cristo. Cuando experimentamos la bondad de Dios, ejercemos nuestra vocación de servir a los demás. Puede que aún no nos sintamos totalmente equipados, y eso está bien. Sólo tenemos que dar a Jesús nuestro sí y dar nuestros siguientes pasos con Él.

El miedo a lo desconocido puede hacer que nos preguntemos si somos lo bastante valientes para afrontar lo que nos espera. Cuando Tomás aceptó el llamado a ser apóstol podemos estar seguros de que experimentó un sinfín de emociones. No tenemos por qué tener todas las respuestas cuando Dios nos llama a una nueva misión. Jesús no nos dejará en la incertidumbre. Como autores, ambos hemos comprobado que esto es cierto en nuestras vidas. Hubert comparte: "Yo no tenía todas las respuestas cuando Dios me impulsó a plantar una iglesia en Charlotte, Carolina del Norte, como joven ministro. Nos apoyamos completamente en la bondad de Dios. Él nos sostuvo durante seis meses sin un salario e hizo crecer nuestra iglesia hasta cuatrocientas personas en cinco años. Vimos milagros y salvaciones cuando salimos con fe".

Angela añade: "No tenía todas las respuestas cuando Dale y yo dejamos a toda nuestra familia para responder al llamado de Dios al ministerio. Cruzamos los Estados Unidos para unirnos al personal de una iglesia en Fredericksburg, Virginia. Yo no tenía todas las respuestas cuando me enfrenté a años de infertilidad y difíciles tratamientos médicos. El otro lado de la obediencia es la bendición. Experimentamos el favor de Dios al convertirnos en los pastores principales a lo largo de treinta años de ministerio, y Él nos dio dos hermosos hijos".

¿Sientes que Dios te llama a salir de una estación y entrar en la siguiente? Si es así, no esperes a tener todas las respuestas. Se requerirán riesgos del tamaño de Dios para responder a asignaciones del tamaño de Dios. Él te capacitará para lo que te pida. El llamado de Dios no viene sin un costo. La obediencia a Dios pone un blanco en nuestra espalda al Enemigo. No tengas miedo de sus ataques, pero estate alerta. Espera lo inesperado mientras pones tu fe en Dios. Aunque Tomás no sabía todo lo que le costaría, puso toda su confianza en Jesús y aceptó su llamado. A medida que sigamos analizando su vida, veremos las formas en que nos despertamos al propósito.

De cerca con Angela

En 2003, Dios me habló a través de una experiencia cercana a la muerte y cambió la trayectoria de mi vida. Empecé a sentirme mal y a experimentar un dolor agudo que nunca antes había sentido. No tenía apetito y luché durante varios meses, perdiendo peso y soportando ataques de dolor insoportable. Tras semanas de visitas al médico, me ingresaron en el hospital. Mi pulso cardíaco había caído dramáticamente a cuarenta y un latidos por minuto y mi tensión arterial rondaba peligrosamente los 76/40. Pasé once días en el hospital con un dolor agudo, sin comer ni beber nada hasta que los médicos programaron una resonancia magnética exhaustiva.

Acostada de lado en la única posición que mi cuerpo podía tolerar, completamente sola, observé la pantalla mientras el líquido de bario llegaba a mi estómago y se detenía. La prueba gastrointestinal de cuarenta y cinco minutos duró siete horas. Permanecí acostada en la mesa fría de metal hora tras hora—beber, sentarme, darme la vuelta, levantarme, acostarme beber—y oí que el Señor me decía: "Ángela, sé que puedes adorarme en el santuario. Quiero saber si puedes adorarme aquí". He dirigido el culto cientos de veces, pero esta habitación de hospital se convirtió en tierra sagrada. Canté en voz baja con lágrimas cayendo por mi rostro: "Aquí estoy para adorar. Aquí estoy para inclinarme. Aquí estoy para decirte que eres mi Dios". Ese momento de rendición dio paso a mi milagro.

Para Dios no hay coincidencias. Un médico de hospital leyó mis placas y reconoció una imagen de sus recientes estudios para los exámenes de la junta médica. Nunca había visto a un paciente así en persona. Llamaron a más especialistas y finalmente me dieron un diagnóstico a las 7 de la mañana del día siguiente: síndrome de la arteria mesentérica superior. El síndrome de la arteria mesentérica superior es un raro trastorno potencialmente mortal en el que la arteria se desvía demasiado a la derecha. La primera porción de mis intestinos, el duodeno, comprimía la arteria, actuando como una obstrucción. Una arteria gravemente comprimida impedía que mi estómago se vaciara correctamente. Dos días después, un equipo de especialistas decidió realizar una yeyunostomía duodenal para hacer un puente en la porción afectada de mis intestinos y aliviar la presión sobre la arteria. Luego volverían a conectar el estómago a una sección inferior del intestino.

El día de la operación marcó mi punto más bajo. No sabíamos si sobreviviría. Recuerdo que le pregunté a Dios: "¿Qué más tengo que aprender? ¿Por qué me está pasando esto?". Dios me aseguró que esto no le había tomado por sorpresa. Sobreviví a la operación y, tras una semana difícil en el hospital, me fui a casa. Pasé meses sintiéndome traumatizada, adaptándome a una cicatriz que me recorría el torso e incapaz de ingerir alimentos sólidos. Incluso en esos días oscuros, Dios me susurró, infundiendo esperanza en mi espíritu marchito.

Mientras me recuperaba, saqué un trozo de papel y garabateé estas palabras: "No entiendo cómo esto está en Tu plan, pero confiaré en Ti de todos modos. No puedo ver qué hay de bueno para mí, pero confiaré en Ti de todos modos". Estas palabras fueron incluidas en la canción que completó mi primer álbum y se convirtió en una nueva forma de vivir para mí: aprender a confiar plenamente en el carácter de Dios, incluso cuando la vida está fuera de foco. Nunca tenemos que temer a la llamada de Dios y la voz de Dios. Cuando probamos Su bondad, podemos confiar en Sus promesas.

De cerca con Hubert

A los siete años, sentí la urgencia en mi corazón de someterme a Cristo e inclinarme ante Él públicamente. Sucedió en la iglesia de mi casa durante una semana de servicios de avivamiento. El evangelista, Reverendo Hudnell, terminó su mensaje una noche y pidió que cualquiera que quisiera entregar su vida a Jesucristo viniera al frente del santuario y se arrodillara en el altar para orar.

Me senté entre mi madre y mi padre, como a la mitad del templo. Incluso en mi juventud, vivía con la duda de estar preparado para encontrarme con el Señor si moría mientras dormía. Sentía que sería un gran error quedarme en mi asiento en el avivamiento esa noche. Yo creía que Jesús quería que lo siguiera. Miré a mi padre y le dije: "Quiero ir". Él fue conmigo. Le pedí a Jesús que viniera a mi corazón, que me salvara del pecado y me preparara para ir con Él. En una de las noches más grandes que recuerdo, "nací de nuevo". La vida cambió en ese momento; todo se volvió nuevo para mí.

Cuando tenía dieciséis años, leí la historia de Jesús orando toda la noche. Llegué a un punto en el que quería ayudar a la gente a conocer a Jesús más que cualquier otra cosa. Quería poder orar por los enfermos y verlos curados por el poder de Dios. Creía que Dios me daría una mayor unción para ser una bendición para la gente si pudiera orar toda la noche. Ansiaba conocer mejor a Dios y tener la seguridad de que Él conocía mi nombre y sabía dónde vivía. Así que me arrodillé una noche alrededor de las 11:00 p.m. en la sala de estar de la casa de mis padres en Vanceboro, Carolina del Norte, y oré.

Cuando me dormí sobre las 2:30 de la madrugada y me desperté un poco más tarde, me sentí muy derrotado. No había podido orar toda la noche. Sin embargo, Dios conocía mi fuerte deseo de escuchar de Él y de recibir dirección para mi vida. Vi una diferencia en mi vida después de eso. Los pasajes bíblicos se me abrieron de una manera diferente. Dios me dio respuestas sobre decisiones importantes en mi vida que necesitaba... la universidad correcta a la que asistir, las relaciones correctas en mi vida, y finalmente, una esposa maravillosa que sería mi fiel compañera en la vida. Nos ha bendecido con tres hijas y doce nietos que nos adoran.

Aquellas primeras experiencias allanaron el camino para que la oración se convirtiera en una parte muy importante de mi ritmo de vida diario. Hace unos veinticinco años, empecé mi tiempo de oración matutino con el Padre Nuestro, orando cada frase con mucho sentido. Hace que Su presencia sea real para mí. Ha sido una gran alegría ver Su mano obrando. Te grito el mensaje de seguridad que Dios me dio a mí: Él se preocupa por ti. Él conoce tu nombre. ¡Conoce tu dirección! ¡Él es el más grande!

Acércate

Enseñanza aprendida
Los resultados se originan en la oración

1. Fortalecemos la potencia de nuestra vida de oración a medida que entrenamos nuestro oído para escuchar la voz de Dios.

   Considera cómo pondrás en práctica las mismas valiosas claves de oración que Jesús enseñó a Tomás. Mientras lo haces, ¿cuál es una manera en la que estás creyendo para crecer en tu vida de oración?

2. Eliminamos las barreras *internas* del miedo y la vergüenza a través de nuestra comprensión y aceptación de la gracia de Dios. Podemos experimentar la oposición de barreras externas mientras tratamos de avanzar en la llamada de Dios a nuestras vidas.

   ¿Sientes alguna barrera interna o externa que te impide salir de la multitud y entrar a tu vocación?

3. La multitud puede permitirnos permanecer en el anonimato y sin oposición. La multitud es ruidosa y está llena de distracciones. Sin embargo, a medida que nos acercamos a Jesús a través de la oración y la relación,

crecemos en nuestra identidad en Él y en nuestra influencia con los demás. Entonces impactaremos nuestra cultura *para* Jesús.

¿Cuál es una manera en la que Dios te está guiando desde tu lugar de partida a un lugar para ser enviado?

CAPÍTULO 3

Despertar al propósito

La última vez que vimos a Tomás, Jesús le llamó para que abandonara a la multitud y se convirtiera en uno de sus doce apóstoles. Con este encuentro Tomás comenzó una observación cercana y personal del ministerio de tres años de Jesús. Marcos 3:14-15 dice: "Designó a doce, a quienes nombró apóstoles, para que lo acompañaran y para enviarlos a predicar y ejercer autoridad para expulsar demonios". Este marco definió su misión. Antes de que los apóstoles impactaran al mundo con el evangelio, primero pasaron tiempo con Jesús para entender el poder y la autoridad detrás de Sus palabras y acciones. A medida que aprendemos las formas en que Tomás interactuó con Jesús, descubrimos cómo permanecer unidos a la fuente, derribar fortalezas y contar a otros nuestra historia.

Vinculados a la fuente: presencia y proximidad

Tomás no recibió simplemente un manual de instrucciones de Jesús. Él "designó a doce para que estuvieran con él". Como uno de los doce, Tomás tuvo el privilegio de experimentar diariamente la presencia de Jesús. Los cuatro evangelios contienen gran parte de lo que Jesús dijo e hizo. Además, podemos estar seguros de que hubo muchas ocasiones en las que Jesús se detuvo y dijo a los apóstoles: "Hablemos."

A veces les enseñaba mediante parábolas mientras se dirigía a las multitudes que se reunían junto al mar de Galilea y en las cimas de las montañas en el calor del día. Otras veces entablaba conversación con sus seguidores más cercanos, los apóstoles, durante una comida privada. A través de discusiones íntimas y debates públicos, Jesús reveló más cosas sobre sí mismo y sobre el motivo de su venida. Cuando empezaron a comprender su propósito, se dieron cuenta del suyo propio.

En Lucas 19:10, Jesús dijo: "Porque el Hijo del Hombre vino a buscar y a salvar a los que se habían perdido". Su misión implicaba una batalla con el diablo, Satanás, que se resistía a Su poder para liberar a la gente de la esclavitud del pecado. Jesús lo describió así en Mateo 12:28-29: "En cambio, si expulso a los demonios por medio del Espíritu de Dios, eso significa que el reino de Dios ha llegado a ustedes. ¿O cómo puede entrar alguien en la casa de un hombre fuerte y arrebatarle sus bienes, a menos que primero lo ate? Solo entonces podrá robar su casa." Los apóstoles vieron como Jesús liberaba a la gente de las fortalezas debilitantes que el diablo había construido en sus vidas.

En una ocasión, oyeron a Jesús decir a una multitud de seguidores: "Porque he bajado del cielo no para hacer mi voluntad, sino la del que me envió. Porque la voluntad de mi Padre es que todo el que ve al Hijo y crea en él tenga vida eterna, y yo lo resucitaré en el día final" (Juan 6:38, 40). Tomás oyó a Jesús revelar que Él era la única fuente de vida eterna para todos los que creen.

Continuó enseñando a la multitud el precio que debían pagar los que le siguieran. Al oírlo, muchos discípulos le abandonaron. En ese momento crítico, Jesús se dirigió a los doce apóstoles en Juan 6:67-69 Así que Jesús preguntó a los doce: "'¿También ustedes quieren marcharse? Señor,' contestó

Simón Pedro, '¿a quién iremos? Tú tienes palabras de vida eterna. Y nosotros hemos creído, y sabemos que tú eres el Santo de Dios'". Hablando en nombre de los apóstoles, Pedro articuló la esperanza y la identidad que encontraron en Jesús. Como parte integrante de este grupo de doce tan unido, Tomás estuvo de acuerdo, con la valentía suficiente para quedarse cuando muchos otros se apartaron. Demostró su lealtad y permaneció estrechamente unido a Jesús.

La proximidad resultó inestimable para los apóstoles. Jesús los llevó *consigo* antes de *delegarles* autoridad. Pronto, ellos caminarían en esa autoridad. Dejaron todo atrás para esta temporada de intenso entrenamiento. Las Escrituras indican una pausa entre el nombramiento de los apóstoles y su primera misión. Tomás viajó con Jesús para asistir a muchos acontecimientos extraordinarios durante ese tiempo. Exploremos tres contenidos en el Evangelio de Lucas.

En Lucas 7:1-10, Jesús y sus apóstoles entraron en una aldea llamada Capernaum, donde se les acercaron unos ancianos judíos. Le suplicaron encarecidamente en favor de un oficial romano que amaba a la nación judía y había construido su sinagoga. Sin la intervención de Jesús, el criado del oficial pronto moriría. A pesar de la tensión que existía entre los judíos y los romanos, Jesús escuchó con sensibilidad. Su misión de amor y compasión se hizo evidente al actuar sin prejuicios raciales o políticos, toda una lección para Tomás.

Cuando Jesús se acercó a la casa del oficial, la gente lo recibió con un mensaje sombrío.

> Por eso ni siquiera me atreví a presentarme ante ti. Pero con una sola palabra que digas, quedará sano mi siervo. Porque yo mismo soy un hombre sujeto a órdenes superiores y, además, tengo soldados bajo mi autoridad. Le digo a uno "ve" y va; y al otro, "ven" y viene. Le digo a mi siervo "haz esto" y lo hace. (Lucas 7:7-8)

El oficial tuvo la fe de creer que todo lo que se necesitaba para erradicar la enfermedad era una palabra de Jesús. Asombrado, Jesús se volvió a la multitud y dijo: "Les digo que ni siquiera en Israel he encontrado una fe tan grande. Al regresar a casa, los enviados encontraron sano al siervo" (Lucas 7:9-10). Podemos imaginar cómo creció la fe de Tomás mientras los apóstoles asimilaban el impacto de este milagro.

Jesús no sólo demostró su poder sobre la enfermedad, sino también su autoridad sobre la muerte. Al entrar en la ciudad de Naín con sus apóstoles, se encontraron con el cortejo fúnebre del hijo de una viuda. Lucas 7:12-18 registra:

> Cuando ya se acercaba a las puertas del pueblo, vio que sacaban de allí a un muerto, hijo único de madre viuda. La acompañaba un grupo grande de la población. Al verla, el Señor se compadeció de ella y le dijo: "No llores". Entonces se acercó y tocó el féretro. Los que lo llevaban se detuvieron y Jesús dijo: "Joven, ¡te ordeno que te levantes"! El que había estado muerto se incorporó y comenzó a hablar; luego Jesús se lo entregó a su madre. Todos se llenaron de temor y alababan a Dios. "Ha surgido entre nosotros un gran profeta", decían. "Dios ha venido en ayuda de su pueblo." Así que esta noticia acerca de Jesús se divulgó por toda Judea y por todas las regiones vecinas.

El Mesías había llegado. Tomás no se encontró ante un mero profeta o maestro, sino ante el Hijo de Dios que dominaba la muerte. Reconoció una misericordia sin límites en la forma en que Jesús respondió al profundo dolor de una madre. Poco sabía que él y los apóstoles pronto necesitarían que Jesús interviniera en su propia crisis.

Jesús subió con ellos a una barca e inició una travesía por el mar de Galilea. En medio de la travesía, se levantó una violenta tempestad, y los apóstoles se sintieron presa del miedo. Desesperados, gritaron a Jesús, que dormía en la parte trasera de la barca. "Él se levantó y reprendió al viento y a las olas; la tormenta se apaciguó y todo quedó tranquilo. '¿Dónde está la fe de ustedes?' preguntó a sus discípulos. Con temor y asombro ellos se decían unos a otros: '¿Quién es este que manda aun a los vientos y al agua, y le obedecen?'" (Lucas 8:24-25).

Varios de los apóstoles eran pescadores experimentados, familiarizados con las frecuentes tormentas que se levantaban sin previo aviso. Sin embargo, al agotar su capacidad para controlar la barca, se quedaron paralizados por el miedo. Aunque Jesús se quedó allí con ellos, el Evangelio de Marcos nos dice que se preguntaron si le importaba. Cuando finalmente se volvieron hacia Jesús, vieron cómo ejercía su autoridad tanto sobre las fuerzas externas de la naturaleza como sobre la fortaleza interna del miedo que llevaban dentro. Después, Tomás siguió procesando la forma en que Jesús calmó sus sentimientos de impotencia, al igual que desarmó el poder de la tormenta.

A veces nos cuesta navegar por las peligrosas aguas de la vida. Cuando la duda o el miedo amenazan con abrumarnos, podemos caer en la mentira de que Jesús está ausente, es indiferente o no está dispuesto a intervenir. El orgullo, una de las mayores armas del Enemigo, nos tienta a creer que podemos manejar las situaciones por nosotros mismos. La decepción intenta *alejarnos* de Jesús cuando lo que más necesitamos es tiempo *con* Él. No podemos permitir que las tempestades de la vida desintegren nuestra fe. Al igual que Tomás y los apóstoles, nuestra desesperación debe llevarnos a Jesús. Podemos acudir a Él con confianza, sabiendo que Él no *nos* reprende en nuestros momentos de necesidad; Él reprende la tormenta.

Jesús es nuestra fuente de seguridad, paz y estabilidad en cualquier circunstancia. Él está con nosotros cuando recibimos el diagnóstico de cáncer. Está con nosotros cuando nos preguntamos cómo pagaremos la hipoteca. Está con nosotros cuando anhelamos el regreso de un hijo pródigo. Sólo Jesús puede tranquilizar nuestros frágiles corazones. Cuanto más le conocemos, más confiamos en su sabiduría y guía. A Él no le intimida lo que nos intimida a nosotros. No le toma desprevenido lo que nos desconcierta. No le molesta lo que nos inquieta. Él entra en nuestros lugares de sufrimiento, y eso lo cambia todo. Sólo Él es digno de nuestra plena entrega y confianza.

Hasta ahora, sólo hemos mostrado por encima la superficie de la relación entre Jesús y sus apóstoles. En Tomás, vemos el valor de permanecer unidos a la fuente: el propósito fluye de la presencia. La autora y defensora de los niños en hogares substitutos Harmony Klingenmeyer lo dice de esta manera: "Lo más importante para nosotros es entrar en el renacimiento personal. Entrar en la presencia de Dios y escuchar lo que dice de nosotros. Porque cuando lo hacemos, Él nos capacita para cumplir la voluntad y los propósitos de Dios. No comiences con las obras, sino en Su presencia. Comienza en Su presencia y encontrarás gracia para obedecer."[1]

Antes de enviarnos, Jesús nos llama a sí mismo. Al experimentar de primera mano el ministerio de Jesús, Tomás fue comprendiendo mejor su carácter. Se maravilló ante la magnitud del amor y la misericordia de Jesús, mientras la gente creía en Él y recibía milagros de curación y liberación. Dentro de un momento, viajaremos con Tomás y los apóstoles en su primera misión, "para predicar y tener autoridad para expulsar demonios" (Marcos 3:14-15). A través de esta misión, los apóstoles desempeñaron un papel único en la formación de la iglesia del primer siglo. Para decirlo en un lenguaje contemporáneo, para cumplir con nuestras misiones diseñadas a medida en *esta* generación, debemos ser lo suficientemente valientes como para derribar fortalezas y contar a los demás nuestra historia. Cuando encontramos nuestra identidad en Jesús, despertamos al propósito que Dios nos ha dado.

Derribar fortalezas—Poder y promesa

Al igual que Jesús permaneció físicamente presente junto a Tomás, el Espíritu de Dios vive en nosotros. Él nos da la autoridad para derribar fortalezas en nuestras vidas y en las vidas de los demás. Una fortaleza es una falsa creencia que se consolida en una mentalidad. Se desarrolla cuando la búsqueda de identidad y seguridad nos lleva a cosas que no son Jesús, como religiones del mundo, filosofías humanistas, estatus financiero o logros.

Las fortalezas pueden formarse cuando recurrimos a mecanismos de supervivencia poco saludables, especialmente en tiempos de crisis e incertidumbre. Estos pueden incluir pornografía, gastos excesivos, desórdenes alimenticios, abuso de drogas y alcohol, exceso de trabajo, prácticas comerciales poco éticas y conductas sexuales ilícitas. El Pastor Mike Todd comparte: "Querer salir adelante es un intento de sentirse temporalmente mejor acerca de una situación que no puedes controlar. ¿Es algo que solo te ayuda a mantenerte? La palabra 'mantener' tiene la connotación de que lo estas cuidando hasta la muerte. Puede que un mecanismo para sobrellevar las cosas te haga avanzar un poco, pero en algún momento te llevará a algo que ya no funcionará. Tenemos opciones para interrumpir el plan que el Enemigo tiene para nosotros y a lo que nos lleva nuestra naturaleza".[2]

Las fuentes falsas nos incitan a sentirnos insensibles cuando Jesús nos invita a ser conocidos. Somos conocidos cuando encontramos nuestra identidad en Él y en la verdad de su Palabra. Cuando nos sentimos débiles, Él es fuerte. No importa lo que enfrentemos, no tenemos que permanecer atados por el poder de las fortalezas. Es posible desenredarnos de la incertidumbre y enfrentarla de maneras piadosas. Experimentaremos la victoria cuando elijamos poner nuestra seguridad a salvo en las manos de Jesús.

Cuando fundamentamos nuestro valor en la Palabra en lugar del mundo, podemos desarraigar las falsas creencias y sustituirlas por verdades bíblicas. Romanos 12:2 dice: "No se amolden al mundo actual, sino sean transformados mediante la renovación de su mente". A medida que estudiamos la Palabra de Dios, creemos en sus promesas y caminamos en obediencia a sus mandamientos, renovamos nuestra mente y experimentamos el poder de la transformación. Este proceso tuvo lugar gradualmente en Tomás, al igual que en nosotros.

No experimentaremos transformación sin guerra. En 2 Corintios 10:3-5, el apóstol Pablo transmite la expectativa de que *todos los* creyentes se enfrentarán en una guerra espiritual contra el diablo. "Pues, aunque vivimos en el mundo, no libramos batallas como lo hace el mundo. Las armas con que luchamos no son del mundo, sino que tienen el poder divino para derribar fortalezas. Destruimos argumentos y toda altivez que se levanta contra el conocimiento de Dios, y llevamos cautivo todo pensamiento para que obedezca a Cristo."

Una pretensión puede sostener que sabe más que Dios sobre un asunto y sobre cómo tratarlo. Necesitamos identificar los patrones de pensamiento y las mentalidades que luchan contra Dios. Pueden provenir de nuestra propia voluntad fuerte o de una mentira del Enemigo. En Mateo capítulo 4, Satanás tentó a Jesús a resistir la voluntad de Su Padre Celestial. Él usó las Escrituras para vencer las afirmaciones de Satanás. Siguiendo el ejemplo de Jesús, experimentaremos avances espirituales cuando hablemos la verdad de la Palabra de Dios, oremos, permanezcamos firmes en nuestra fe y caminemos en obediencia.

Efesios 6:13-18 dice,

Por lo tanto, pónganse toda la armadura de Dios, para que cuando llegue el día malo puedan resistir hasta el fin con firmeza. Manténganse firmes, ceñidos con el cinturón de la verdad, protegidos por la coraza de justicia y calzados con la disposición de proclamar el evangelio de la paz. Además de todo esto, tomen el escudo de la fe, con el cual pueden apagar todas las flechas encendidas del maligno. Tomen el casco de la salvación y la espada del Espíritu, que es la palabra de Dios. Oren en el Espíritu en todo momento, con peticiones y ruegos. Manténganse alertas y perseveren en oración por todos los creyentes.

Una de nuestras mayores armas en la guerra es la adoración. Cambiamos la atmósfera cuando exaltamos el nombre de Jesús. Ejercemos la autoridad que Él nos ha dado cuando lo invitamos a invadir nuestra situación. La adoración es un acto de rendición. Cuando nos humillamos ante Dios, recibimos el poder y la gracia que necesitamos para vencer las fortalezas.

A medida que nos mantengamos sensibles y disponibles, Él nos usará para ayudar a otros a experimentar la libertad, tal como usó a Tomás. Podemos orar específica e intencionalmente por ellos y estar atentos a puertas abiertas y citas divinas. Seremos una fuente de guía, consuelo y aliento mientras los conectamos con la Palabra de Dios y la libertad que Él ofrece.

Contar a otros la historia: predicar y proclamar

La relación de Tomás con Jesús le llevó a su primera misión temporal. Lucas 9:1-2, 6 dice: "Habiendo reunido a los doce, Jesús les dio poder y autoridad para expulsar a todos los demonios y para sanar enfermedades. Entonces los envió a predicar el reino de Dios y a sanar a los enfermos. Así que partieron y fueron por todas partes de pueblo en pueblo, predicando las buenas noticias y sanando a la gente". No sólo la gente necesitaba el ministerio de los apóstoles, sino que los apóstoles necesitaban ser edificados en su entendimiento y confianza para usar lo que Jesús les daba. Como novato bajo la supervisión de Jesús, Tomás recibió la preparación para lo que más tarde se convertiría en la misión de su vida.

Sólo podemos imaginar cómo debieron de ser para Tomás aquellos primeros momentos de su ministerio. Al dar su primer paso, quizá se preguntó: "¿Me escuchará alguien hablar del Reino de Dios? ¿Y si no pasa nada cuando impongo las manos a un enfermo?". Aunque las Escrituras no relatan lo que sucedió entre bastidores, Tomás creyó valientemente en lo que Jesús dijo y obedeció lo que Él le mandó hacer.

Cuando los apóstoles regresaron, se retiraron con Jesús a un lugar tranquilo y compartieron historias durante horas. Tomás apenas podía contener su emoción. "¡Jesús, oré por una mujer con lepra y la vi curada al instante! Me encontré con un hombre atormentado por un espíritu demoníaco y vi cómo Dios lo liberaba. La gente creyó nuestro mensaje, Jesús. Están tan emocionados de saber que Tú estás aquí. . .."

Aunque no podamos experimentar la presencia física de Jesús, Él no nos es distante ni indiferente. Al igual que hizo con Tomás, dijo: "Yo estaré contigo" (Juan 13:33). A medida que mantenemos una relación cercana con Jesús, se nos otorga la autoridad para cumplir con las tareas únicas que Dios nos ha dado en esta generación. Sin Su autoridad, funcionaríamos únicamente con el esfuerzo humano. Sin embargo, caminamos *en autoridad en la medida en* que caminamos *bajo* autoridad. Tomás permaneció como parte de un grupo de discipulado muy unido, responsable ante Jesús y ante los demás. El propósito del Reino se desarrolla mejor en comunidad y colaboración, no en silos y aislamiento.

Podemos sentir cómo opera la autoridad de Jesús en nuestras vidas por la forma en que las personas se ven afectadas por nuestras palabras y acciones. Jesús utiliza nuestras características únicas para cumplir su voluntad y su misión en nosotros. Puede ser nuestra forma de comunicarnos con la gente. Puede ser nuestra sensibilidad a las condiciones humanas o nuestra hambre de respuestas a ciertos problemas. Puede ser nuestra capacidad de conectar con quienes tienen experiencias comunes. Debemos ser lo suficientemente valientes para creer que Dios puede utilizar cualquier parte de *nuestra historia* para contar a otros *Su* historia. Cuando no le ocultamos nada a Dios, Él no nos oculta nada a nosotros. Cuando nos quitamos los límites, nos encontramos con un Dios ilimitado y despertamos al propósito del reino.

La autora y consejera Bethany Marshall expresa: "El reino es Su camino perfecto en nuestras vidas. Son Sus planes y Su autoridad operando y reinando en y a través de nosotros que son el poder y la transformación que necesitamos aquí en esta tierra. El reino nos da esperanza y expectativa de cómo será el cielo. Va a ser algo grande y magnífico. Jesús es Rey. Para tener un Rey, Él necesita tener un reino. Nosotros podemos ser parte de Su Reino. ¿Eres parte de Él? ¿Crees en Él? *El Reino* tiene que ser un lenguaje común porque Él quiere Su Reino aquí, y quiere Su Reino en nosotros."

Jesús "designó a doce, a quienes nombró apóstoles, para que lo acompañaran y para enviarlos a predicar y ejercer autoridad para expulsar demonios." (Marcos 3:14-15). Tomás y los apóstoles no fueron los únicos llamados a proclamar el reino de Dios. A través de Jesús, todos podemos ser lo suficientemente valientes como para contar a los demás la historia de lo que Él ha hecho en nuestras vidas. No podemos guardar silencio. Algunos predicarán desde una plataforma pública. Otros orarán entre bastidores o invertirán silenciosamente en lugares ocultos. Reflejamos el reino de Dios cuando amamos bien a nuestras familias... cuando abogamos por la justicia... cuando hacemos del mercado un campo de misión... cuando servimos en el aula o en un cargo político. No importa a lo que Dios nos llame a hacer, cuando somos despertados a Su propósito en nuestras vidas, impactaremos a nuestra generación.

De cerca con Angela

Pocas personas ejemplifican mejor lo que significa despertar al propósito que Hal Donaldson. Como presentadora del podcast *Make Life Matter*, tuve el privilegio de entrevistarle y escuchar su historia en el episodio 79, de mayo de 2021.

Hal Donaldson es presidente de Convoy of Hope, una organización religiosa sin fines de lucro que dirige iniciativas humanitarias en Estados Unidos y en todo el mundo. Autor de treinta libros, entre ellos *Disruptive Compassion*, Hal nos inspira a trabajar a través de un sentimiento de angustia o apatía para dar dignidad a los demás. En nuestra entrevista, Hal compartió momentos que cambiaron su vida: una inquietante palabra de la Madre Teresa, un milagro en una de sus temporadas más oscuras y un encuentro que abrió el cielo para Convoy of Hope.

A los doce años, sus padres sufrieron un accidente causado por un conductor ebrio, matando instantáneamente a su padre e hiriendo gravemente a su madre. Él y sus hermanos fueron acogidos por una joven pareja, con la que durante un año vivieron con diez personas en una casa rodante durante un año.

Nuestra familia experimentó el dolor, la vergüenza de la pobreza, pero también experimentamos el poder de la bondad. Cuando te crían pobre, empiezas a buscar la forma de dejar de serlo. Yo iba a hacer todo lo que estuviera en mi mano para salir de la pobreza. Fui a la universidad y obtuve dos títulos. Empecé a escribir libros y Dios me abrió algunas puertas.

En una entrevista con la Madre Teresa, ella se detuvo y me dijo: "Joven, ¿qué hace usted para ayudar a los pobres?". Le dije la verdad, que en realidad no estaba haciendo gran cosa. Ella dijo: "Todo el mundo puede hacer algo". Aquellas palabras me obsesionaron.

Cuando regresé a Estados Unidos, cargué una camioneta con alimentos por valor de 300 dólares y los repartí entre los trabajadores inmigrantes de California. Así empezó el ministerio de Convoy of Hope.

La compasión es una cosa, pero si quieres ir más allá de la compasión, tienes que ser desinteresado. Dios me pidió que fuera a ocho grandes ciudades y viviera en la calle durante tres días y tres noches. Recorrí las calles con una grabadora oculta entrevistando a drogadictos, miembros de bandas, prostitutas, fugitivos y personas sin hogar, y viajando con la policía en turnos de medianoche. Dios utilizó esa experiencia para cambiarme. Me quebrantó y me convirtió en una persona diferente. ***Dios tuvo que hacer una obra en mi corazón antes de poder hacer una obra a través de mis manos.*** El corazón es la base sobre la que Dios construye algo hermoso. Si el corazón es defectuoso, sólo se puede construir hasta cierto punto. Cuanto más estables sean los cimientos, más firme será la edificación.

A través de Convoy of Hope, las familias reciben suministros y recursos a través de actividades comunitarias, programas internacionales de alimentación para casi 400.000 niños al día, formación laboral para madres, iniciativas agrícolas y ayuda en casos de desastres. Se espera que dicha la organización pueda alimentar a un millón de niños al día para el año 2030.[4] Hal Donaldson refleja sin duda lo que hemos visto en este capítulo: nuestra proximidad a Jesús determina nuestro propósito.

De cerca con Hubert

Después de haber conocido a Hal durante los últimos cuarenta años, le he visto reflejar constantemente el corazón compasivo de Jesús. Mientras pastoreaba una iglesia en el norte de Luisiana, coordiné varios eventos de alcance de Convoy of Hope en toda la ciudad. Mientras trabajaba con los representantes de la sede de Convoy en Springfield, Missouri, los oí hablar de Hal de la manera más elogiosa. Él modela una vida sometida a Cristo.

Uno de los aspectos más significativos de los actos de Convoy of Hope es la interacción positiva entre las distintas razas. Me asocié con un pastor afroamericano como copresidente de las actividadedes de Convoy que organizamos. Él y yo reunimos a nuestros voluntarios y nos apoyamos mutuamente para atender las necesidades de los asistentes. Dios bendijo nuestros esfuerzos cuando vimos a miles de personas de todas las edades reunirse para escuchar el evangelio de Jesucristo y recibir ayuda.

Otro resultado significativo de nuestros actos de Convoy fue la estrecha relación que establecimos con las autoridades municipales. Después de visitar al alcalde de la ciudad, nos animó a utilizar las instalaciones de convenciones de la ciudad y se unió a mí para recorrer el recinto durante el evento. Un año se produjo un hecho insólito cuando empezó a nevar en el momento del evento. Sin reservas, el alcalde simplemente nos dijo que nos trasladáramos al interior del centro de convenciones para atender a la gente.

Hal Donaldson ha sido fiel en llevar el mensaje y la expresión externa del amor de Dios hasta los confines de la tierra. Su ejemplo me inspiró a servir a la gente con mayor sensibilidad y compasión.

Qué alentador es saber que Dios asigna a cada uno de nosotros un papel único en Su reino. Cuanto más tiempo pasamos con Jesús, más somos moldeados en Su carácter y capacitados para llevar a cabo Su propósito para nuestras vidas.

Acércate

Enseñanza aprendida

A medida que los apóstoles comprendieron el propósito de Jesús, despertaron a los propósitos propios.

1. La Escritura indica una pausa entre el nombramiento de los apóstoles y su primera misión. Tomás viajó con Jesús para muchos acontecimientos extraordinarios durante este tiempo.

    Exploramos tres instancias en el Evangelio de Lucas donde Jesús demostró Su autoridad antes de delegar autoridad a los apóstoles. Nombra las tres condiciones que existían y el resultado cuando Jesús ejerció Su autoridad.

2. Un bastión es una creencia falsa que se consolida en la mente. Los bastiones pueden formarse cuando recurrimos a mecanismos de resistencia poco saludables, especialmente en tiempos de crisis e incertidumbre. Las **fuentes falsas nos tientan a sentirnos insensibles cuando Jesús nos invita a ser conocidos.**

    En el capítulo 4 de Mateo, Jesús utilizó las Escrituras para derribar las pretensiones de Satanás. Al repasar Efesios 6:13-18, ¿de qué manera estos versículos te capacitan para derribar fortalezas?

3. A medida que nos mantenemos en estrecha relación con Jesús, somos investidos de autoridad para cumplir con nuestras asignaciones únicas, dadas por Dios en esta generación. Sin embargo, caminamos *en* autoridad en la medida en que caminamos *bajo* autoridad. El propósito del Reino se desarrolla mejor en comunidad y colaboración, no en silos y aislamiento.

Considera formas de cumplir con las tareas que Dios te ha encomendado en el contexto de rendir cuentas a otros creyentes.

ENCUENTRO 2

Una estrategia

Uno podría preguntarse en este punto si Tomás era un hombre de pocas palabras, teniendo en cuenta que hemos llegado al capítulo 4 y todavía no ha hablado. Durante los tres años que pasó en el ministerio junto a Jesús, podemos estar seguros de que mantuvo conversaciones animadas. Sin embargo, las Escrituras sólo registran tres momentos marcados en los que Tomás habló, cada uno con un significado notable. Revelan mucho sobre su carácter y nos dan una guía para navegar por nuestras incertidumbres.

En el Evangelio de Lucas destacamos varios casos en los que Tomás experimentó lo milagroso mientras caminaba con Jesús. Ahora pasamos al Evangelio de Juan, donde encontramos a Tomás en medio de un conflicto creciente. A medida que Jesús enseñaba y curaba a la gente por toda la región, crecía la oposición a su ministerio. Los líderes religiosos de la época estaban cada vez más celosos de la influencia de Jesús e indignados por sus pretensiones de deidad. Un rápido paseo por el comienzo del libro de Juan nos ayuda a comprender el curso de los acontecimientos que condujeron al segundo encuentro entre Tomás y Jesús.

El auge de la oposición

En el capítulo 2 de Juan, Jesús visitó el templo de Jerusalén. Los dirigentes políticos y jerárquicos controlaban la actividad del templo. Jesús vio cómo se tomaban la libertad de utilizar el templo para comprar y vender en beneficio propio. Se enfurecieron cuando Él volcó sus mesas para hacer dinero y declaró: "¡Saquen esto de aquí! ¡No conviertan la casa de mi Padre en un mercado!" (Juan 2:16).

En el capítulo 4 de Juan, Jesús desafió las normas culturales de la época cuando decidió viajar por la región de Samaria y hablar con una mujer junto a un pozo. Su milagroso testimonio hizo que muchos en su comunidad creyeran en Jesús. Los líderes religiosos se sintieron amenazados por su creciente popularidad entre las grandes multitudes que le seguían y creían en Él.

En el capítulo 5 de Juan, Jesús se encontró con un hombre en el estanque de Betesda que llevaba treinta y ocho años padeciendo una enfermedad debilitante. Le ordenó que se levantara, tomara su camilla y caminara. La ley judía le prohibía acarrear su colchoneta el sábado. Cuando los líderes religiosos se enfrentaron a Jesús, éste respondió: "Mi Padre aún hoy está trabajando y yo también trabajo." (Juan 5:17). Jesús no sólo quebrantó el sábado, sino que llamó a Dios Padre, haciéndose igual a Dios. Ellos lo consideraron una blasfemia y se negaron a aceptar su autoridad sobre ellos. Si *Él* tenía este tipo de autoridad, *ellos* no. La Escritura comparte que Jesús se mantuvo alejado de la región de Judea y enseñó en privado por un corto tiempo porque buscaban matarlo.

En el capítulo 8 de Juan, encontramos a Jesús de nuevo en el Templo, enseñando una vez más en público. Los líderes religiosos aprovecharon el momento para confrontar y desafiar las afirmaciones de Jesús: "Yo soy la luz del mundo. Yo soy testigo de mí mismo y el Padre que me envió también da testimonio de mí" (Juan 8:12, 18). El diálogo se intensificó cuando Jesús distinguió al padre de ellos como el diablo. Con una rotunda última palabra, Jesús anunció: "Antes que Abraham naciera, ¡yo soy!" (Juan 8:58). Jesús dejó clara su identidad no sólo como profeta o buen maestro, sino como el YO SOY que llamó a Moisés desde la zarza ardiente... el YO SOY, igual a Dios, que existía antes de la creación del mundo. Para los líderes religiosos, esto constituía una blasfemia. Levantaron piedras, pero Él se escabulló antes de que pudieran matarle. Tomás y los apóstoles fueron testigos de todo. Este telón de fondo preparó el terreno para uno de los acontecimientos más dramáticos hasta la fecha en la vida de Tomás.

En el capítulo 11 de Juan, encontramos el segundo encuentro entre Tomás y Jesús. En medio del clima contencioso de Judea, Jesús recibe una petición urgente para volver a la región. En este pasaje de la Escritura, descubrimos un montaje divino para gloria de Dios y crecimiento de Tomás. Aunque Tomás permanece en silencio en la primera parte de este encuentro, muchas cosas se cuecen a fuego lento bajo la superficie. Cuando por fin le oímos hablar por primera vez, sus valientes palabras cortan el aire, cargadas de tensión y alarma. Mientras exploramos su prueba de lealtad a Jesús, aprenderemos a confiar en el tiempo y la dirección de Dios y a liderar con confianza en circunstancias difíciles.

La petición a Jesús

Juan 11:1-3 dice: "Había un hombre enfermo llamado Lázaro, que era de Betania, el pueblo de María y su hermana Marta. María era la misma que ungió con perfume al Señor y le secó los pies con sus cabellos. Las dos hermanas mandaron a decirle a Jesús: 'Señor, tu amigo querido está enfermo'".

Lázaro y sus hermanas se contaban entre los amigos más íntimos y los seguidores más devotos de Jesús. Vivían en Betania, en la región de Judea, una zona donde la oposición a Jesús suponía una amenaza inminente. Su hogar se convirtió en un refugio para que Jesús descansara y en un centro para enseñar los principios del reino de Dios. Lejos en el ministerio, Jesús recibió noticias preocupantes; Lázaro había enfermado gravemente. Aunque las palabras de María y Marta no contenían una petición directa, su mensaje urgente implicaba la expectativa de que Jesús vendría rápidamente y curaría a Lázaro.

Juan 11:4-15 continúa,

Cuando Jesús oyó esto, dijo: "Esta enfermedad no terminará en muerte, sino que es para la gloria de Dios, para que por ella el Hijo de Dios sea glorificado". Jesús amaba a Marta, a su hermana y a Lázaro. A pesar de eso, cuando oyó que Lázaro estaba enfermo, se quedó dos días más donde se encontraba. Después dijo a sus discípulos: "Volvamos a Judea." "Rabí", objetaron ellos, "hace muy poco los judíos intentaron apedrearte, ¿y todavía quieres volver allá?" "¿Acaso el día no tiene doce horas"? respondió Jesús, "El que anda de día no tropieza, porque tiene la luz de este mundo. Pero el que anda de noche sí tropieza, porque no tiene luz." Dicho esto, añadió: "Nuestro amigo Lázaro duerme, pero voy a despertarlo". "Señor", respondieron sus discípulos, "si duerme, es que va a recuperarse." Jesús hablaba de la muerte de Lázaro, pero sus discípulos pensaron que se refería al sueño natural. Por eso les dijo claramente: "Lázaro ha muerto, y por causa de ustedes me alegro de no haber estado allí, para que crean. Pero vamos a verlo".

La noticia de la enfermedad de Lázaro provocó un momento de enseñanza para Tomás y los apóstoles. En lugar de regresar como le habían pedido, Jesús prefirió quedarse hasta que ocurriera lo impensable. Sin embargo, sus razones no eran las que cabría esperar. Examinaremos sus palabras y acciones paso a paso para ver no sólo lo que decidió hacer, sino por qué decidió hacerlo.

La respuesta de Jesús

Para gloria de Dios

A pesar de su apasionada súplica, Jesús se demoró dos días más. A primera vista, podría parecer indiferente o desinteresado por Lázaro. Tal vez algunos pensaron que se negaba a venir debido al nivel de amenaza en la zona. Pronto se darían cuenta de la intención de su retraso. Jesús *sólo* quería aparecer cuando su llegada trajera la mayor gloria a su Padre Celestial, su prioridad. La experiencia también serviría para aumentar la fe de Tomás y los apóstoles.

Él respondió: "Esta enfermedad no terminará en muerte, sino que es para la gloria de Dios, para que por ella el Hijo de Dios sea glorificado" (Juan 11:4). Vino a la tierra con la gloria de Dios Padre sobre Él. Su misión terrenal era dar gloria a Su Padre, y el Padre glorificó al Hijo. Juan 1:1-2 dice: "En el principio ya existía el Verbo, y el Verbo estaba con Dios, y el Verbo era Dios. Él estaba con Dios en el principio". El apóstol Juan continúa explicando en el versículo 14: "Y el Verbo se hizo hombre y habitó entre nosotros. Y contemplamos su gloria, la gloria que corresponde al Hijo único del Padre, lleno de gracia y de verdad."

La gloria de Dios puede parecer un concepto intimidante o vago. Varias definiciones de *gloria* amplían su significado para nosotros: "alto renombre u honor ganado por logros notables; magnificencia o gran belleza".[1] Exodo 15:11 exclama:

> ¿Quién, SEÑOR, se te compara entre los dioses?
> ¿Quién se te compara en grandeza y santidad?
> Tú, Hacedor de maravillas,
> nos impresionas con tus portentos.

El esplendor o la dicha del cielo: El Salmo 19:1 dice: "Los cielos cuentan la gloria de Dios; la expansión proclama la obra de sus manos".

Alabanza, adoración y acción de gracias ofrecidas a una deidad:

> Digno eres, Señor y Dios nuestro,
> de recibir la gloria, la honra y el poder,
> porque tú creaste todas las cosas;
> por tu voluntad existen
> y fueron creadas. (Apocalipsis 4:11)

Tomás y los apóstoles aún no comprendían la forma en que la gloria de Dios se revelaría en los extraordinarios acontecimientos que pronto se desarrollarían. Alerta de advertencia: serían testigos de un milagro nunca visto en la vida de Lázaro. Sin embargo, su realidad actual presentaba este hecho funesto: en su retraso, Lázaro murió.

Aunque tenemos la ventaja de leer por adelantado hasta el final de la historia, Tomás vivió momentos con Jesús en tiempo real y los abrazó con curiosidad. Tomás estudió la forma mesurada en que Jesús respondía a sus críticos. Reflexionó sobre el ingenioso modo en que Jesús planteaba preguntas inquisitivas. Analizó el modo poco convencional en que Jesús elegía las tareas. Con cada nueva experiencia Tomás buscaba claridad al ver la composición del boceto de Jesús dibujado ante sus propios ojos. Jesús era todo lo que había deseado y nada de lo que había esperado.

Para nosotros la imagen de Jesús está completa: la Biblia revela su naturaleza. Sin embargo, al igual que Tomás y los apóstoles, podemos seguir luchando por comprender realmente a Jesús y sus caminos. Aunque la Biblia está completa, no podemos leer el final de nuestra propia historia. La duda y la decepción aparecen en los márgenes de nuestras páginas sin leer. Nuestro conocimiento limitado amenaza con oscurecer nuestra capacidad de creer que Dios quiere lo mejor para nosotros. Sin embargo, cuanto más estudiamos la Palabra de Dios, más conocemos y confiamos en el carácter de la Trinidad: nuestro Padre Celestial, Jesús, Su Hijo, y el Espíritu Santo. David escribió una poderosa verdad que tranquiliza nuestros corazones en tiempos de incertidumbre. El Salmo 139:16-18 dice:

> Tus ojos vieron mi cuerpo en gestación:
>> todo estaba ya escrito en tu libro;
>> todos mis días se estaban diseñando,
>> aunque no existía uno solo de ellos.
>> ¡Cuán preciosos, oh, Dios, ¡me son tus
> pensamientos!

> ¡Cuán inmensa es la suma de ellos!
> Si me propusiera contarlos,
> sumarían más que los granos de arena;

Nuestro Creador nos conoce y nos ama. Nuestros días no son fortuitos. Están orquestados por diseño. Los caminos de Dios, más elevados que los nuestros, son completamente dignos de confianza. Enmarcados por esta verdad, damos la bienvenida a la entrega en nuestras vidas. Una pregunta crítica cambia nuestra forma de ver las circunstancias. En la respuesta de Jesús, descubrimos la nuestra: "¿Cómo puede Dios utilizar esto para su gloria?". Este cambio de perspectiva nos ayuda a confiar en el tiempo y la dirección de Dios, especialmente cuando no entendemos lo que está haciendo. **Nuestras preguntas sobre el tiempo de Dios son oportunidades para la gloria de Dios.** Cuando buscamos la gloria de Dios por encima de todo, aprovechamos la adversidad para nuestro crecimiento espiritual. Podemos poner nuestra esperanza plenamente en Él. Sin embargo, esto puede resultar difícil cuando experimentamos el dolor que puede venir con un retraso, sin duda el caso de María y Marta.

Confiar en el tiempo de Dios

Juan 11:5-6 dice: "Jesús amaba a Marta, a su hermana y a Lázaro. A pesar de eso, cuando oyó que Lázaro estaba enfermo, se quedó dos días más donde se encontraba". El apóstol Juan describe la estrecha relación de esta familia con Jesús como una relación marcada por el amor. Entonces, ¿por qué demorarse?

No podemos imaginar la angustia que sintieron María y Marta cuando Jesús no apareció antes de que Lázaro muriera. ¿Cómo pudo hacerles esto cuando le habían abierto sus corazones y su hogar? Enterraron a su querido hermano sin saber que Jesús tenía un plan mayor. Procesaron su profunda decepción sin comprender la victoria venidera disfrazada de retraso divino.

¿Qué hacemos cuando no entendemos los tiempos de Dios? Oramos por un bebé sólo para soportar una dolorosa temporada de infertilidad. Invertimos todo lo que tenemos en un negocio sólo para verlo fracasar. Luchamos por nuestro matrimonio sólo para experimentar la angustia del divorcio. Podemos dudar del amor de Dios cuando pensamos que llega tarde. Podemos comenzar a cuestionar Su carácter cuando parece que Él no se presentó de la manera que pensamos que debería hacerlo. Podemos desanimarnos cuando un retraso causa la muerte de un sueño o de nuestra esperanza.

O podemos ser lo bastante valientes para creer que, mientras esperamos, Dios trabaja. No adoptamos una postura pasiva mientras esperamos. Por el contrario, cooperamos activamente con el Espíritu Santo cuando oramos para que la gloria de Dios se revele en y a través de cada situación. Hasta que el cielo sea nuestro hogar, experimentaremos temporadas de adversidad en esta vida. Confiamos en la soberanía de Dios y en su bondad, ya sea que su respuesta en ese momento sea sí, no o todavía no.

Tara-Leigh Cobble, creadora y presentadora del podcast The Bible Recap y fundadora de D-Group, escribe: "Podemos confiar en que el Padre escuchará nuestras oraciones, las examinará y responderá con lo mejor. ¡Todo el que pide recibe! Eso significa que no hay tal cosa como una oración sin respuesta: Él las responde todas, con un sí, un no o una espera. Tendemos a olvidar que el no y la espera también son respuestas. Dios no siempre nos da lo que pedimos, porque a veces tiene mejores ideas, pero siempre nos escucha y nos responde. Eso es lo que hace un buen padre. Y en Él está la alegría".[2]

Cuando estamos preocupados por un resultado, podemos intentar controlar una situación en lugar de dejar que Dios decida el momento. Podemos pensar demasiado y postergar una decisión. O podemos recurrir a la manipulación para forzar el cumplimiento de nuestros deseos. Filipenses 4:6-7 dice: "No se preocupen por nada; más bien, en toda ocasión, con oración y ruego, presenten sus peticiones a Dios y denle gracias. Y la paz de

Dios, que sobrepasa todo entendimiento, cuidará sus corazones y sus pensamientos en Cristo Jesús." La paz calma la inquietud de nuestra alma cuando el miedo nos dice que nos enfrentamos a una situación desesperada.

La paz también nos ayuda a percibir el tiempo de Dios y a permanecer centrados en Su voluntad. A veces Dios nos lleva a quedarnos, y otras veces nos lleva a que nos vayamos. Necesitamos la sabiduría para saber la diferencia. De lo contrario, podemos correr delante de Dios o quedarnos atrás. Podemos tener la idea correcta de Dios, pero no el tiempo correcto. La presencia de una necesidad no siempre exige una acción inmediata. Cuando actuamos impulsivamente, incluso con las mejores intenciones, podemos equivocarnos fácilmente. La disciplina y el discernimiento evitan que nos precipitemos al peligro. Tenemos que ser lo bastante valientes para dejar que Dios nos marque el ritmo.

Podemos pedir a Dios que nos ayude a esperar, no sólo en un resultado deseado, sino a esperar en *Él*. El profeta Isaías escribió en el capítulo 40:31:

> pero los que confían en el Señor
>   renovarán sus fuerzas;
> levantarán el vuelo como las águilas,
>   correrán y no se fatigarán,
>   caminarán y no se cansarán.

Cuando buscamos al dador más que al don, la adversidad se convierte en un catalizador para el crecimiento. Encontramos la fuerza y la resistencia que necesitamos cuando nos desesperamos por Jesús más que por cualquier otra cosa. Cuando vivimos para conocer a Jesús y darlo a conocer, experimentamos satisfacción y paz sobrenaturales en Su presencia.

Jesús quería que Tomás *le* conociera más que saber lo que podía hacer. Enseñó a Tomás el valor del tiempo divino. Lázaro sufría en extrema necesidad, pero Jesús no se apresuró a ir hacia él en ese preciso momento. Cuando parecía más lógico que Jesús regresara a Judea, se quedó. Luego, cuando parecía demasiado tarde para Lázaro, Jesús quiso volver. Los apóstoles, nublados por la confusión y la preocupación, permitieron que el miedo anulara su total confianza en Jesús. Como anticipo de lo que está por venir, la determinación de Jesús provocó un punto de inflexión en Tomás y le dio pie para hablar. Pronto le veremos superar su conflicto interno y lanzar un audaz desafío.

Confía en la dirección de Dios

En Juan 11:7 Jesús compartió su deseo divino con los apóstoles: "Volvamos a Judea". La declaración de intenciones de Jesús dejó sorprendidos a los apóstoles. Inmediatamente se opusieron a su decisión. Juan 11:8 continúa: "'Rabí,' objetaron ellos, 'hace muy poco los judíos intentaron apedrearte, ¿y todavía quieres volver allá?'" En su reacción brilló por su ausencia una sincera muestra de apoyo. En lugar de un rotundo "Sí, Señor, donde Tú quieras que vayamos, iremos", había una pequeña palabra: *"Pero"*.

"Pero Jesús, los líderes religiosos quieren matarte. No sabemos si podremos protegerte si regresas. Ni siquiera estamos seguros de poder protegernos a nosotros mismos".

"Pero Jesús, mira todas las oportunidades de ministerio aquí donde estamos. No necesitas ponerte en peligro".

"Pero Jesús, esta decisión no tiene sentido. Lázaro está muerto. ¿Qué sentido tiene volver ahora?".

"Pero".

Los apóstoles tenían argumentos válidos: se enfrentaban a un grave peligro, y los riesgos parecían inútiles. Sus protestas probablemente provenían de una preocupación genuina por el bienestar de Jesús. Jesús no era inconsciente ni estaba mal informado; quería volver a Judea.

Como los apóstoles no sabían ni entendían el propósito de su cambio de dirección, se convirtieron en la voz de la oposición. Antes de que nos apresuremos a juzgar su reacción, la duda y la incertidumbre pueden hacer que nos resistamos a Dios cuando Él dice que nos movamos. **Cuando buscamos la autopreservación en lugar de la entrega total, sofocamos nuestro crecimiento espiritual y minimizamos nuestro impacto para el reino de Dios.** Cuando la dirección de Dios se encuentra con nuestra vacilación, podemos encontrarnos inundados de preguntas.

"Pero Dios, no sé qué me pasará si doy este paso de fe. Creo que no estoy preparado para eso".

"Pero Dios, todo va bien aquí. No quiero gestionar un nuevo aprendizaje. No me pidas que empiece de nuevo".

"Pero Dios, esto no tiene ningún sentido. No le veo ningún propósito".

No siempre sabremos por *qué* cuando Dios nos pide algo. Si esperamos a comprender plenamente el propósito de Dios, es posible que nunca actuemos en obediencia. Dios puede llevarnos a marcharnos cuando parece que tiene más sentido que nos quedemos. A veces, Dios nos pide que empecemos algo nuevo justo cuando ya nos sentimos cómodos con lo conocido. Cuando nos sentimos inseguros o abrumados, nuestro miedo no tiene por qué dictar nuestras decisiones.

- Nuestro miedo puede ser superado por nuestra confianza en Su presencia.
- Nuestro miedo puede ser superado por nuestra comprensión de Su amor.
- Nuestro miedo puede superarse confiando en Su poder.

Cuando sabemos que Dios está con nosotros, podemos confiar en Él para que nos guíe a un lugar desconocido. Él nos da la sabiduría para sortear los desafíos que puedan presentarse. Cada vez que Él nos aclara Su dirección, nos enfrentamos a la elección de ser lo suficientemente valientes como para creer e ir con Él pase lo que pase. A pesar de los riesgos, Jesús insistió en volver a Judea. Pronto veremos el valor de esa decisión.

La revelación de Jesús

En este momento crucial de nuestro segundo encuentro, Tomás escuchó a Jesús hacer una revelación sorprendente. Juan 11:11-15 dice:

> "Nuestro amigo Lázaro duerme, pero voy a despertarlo." "Señor," respondieron sus discípulos, "si duerme, es que va a recuperarse." Jesús hablaba de la muerte de Lázaro, pero sus discípulos pensaron que se refería al sueño natural. Por eso les dijo claramente: "Lázaro ha muerto, y por causa de ustedes me alegro de no haber estado allí, para que crean. Pero vamos a verlo."

Tomás y los apóstoles se estremecieron ante la devastadora noticia. La esperanza se evaporó en el aire cuando Jesús reveló que el estado de Lázaro se había deteriorado hasta el punto de morir. Sin embargo, estos versículos contienen una revelación no tan obvia: el estado del corazón de los apóstoles. Con las palabras: "Volvamos a Judea", Jesús dio a conocer su deseo. Ya fuera una firme sugerencia o una orden implícita, su invitación había caído en saco roto. Jesús reveló entonces dos motivaciones para rogar a los apóstoles que regresaran con Él. En primer lugar, Jesús habló de Lázaro como "*nuestro* amigo", no sólo como "*Mi* amigo". Recordó a Tomás y a los apóstoles su relación *con* Lázaro y su responsabilidad *hacia* Lázaro. En segundo lugar, Jesús afirmó su determinación de ir a verlo con un propósito determinado. Una vez más, su resolución chocó con la reticencia de los apóstoles.

Sus protestas parecían inocentes. Después de todo, no sabían lo que Jesús sabía... no podían comprender lo que les esperaba. El miedo les impedía obedecer. La apatía los apartó de su misión divina. No creían que esta necesidad justificara una decisión que pondría a Jesús, y a ellos, en peligro. Se desvincularon de su responsabilidad para con Lázaro y racionalizaron su desobediencia a Jesús. Su solución requería la mínima aportación y responsabilidad: "Deja que Lázaro duerma". Jesús sabía que

Lázaro no necesitaba descansar. Necesitaba la resurrección. Lázaro necesitaba lo que sólo Jesús podía hacer.

Jesús desafió la postura de sus corazones y expuso su actitud. Permitieron que otras cosas se interpusieran en el camino de alguien que necesitaba a Jesús. Él les recordó—y a nosotros también—que lo más importante son las personas. Debemos confiar en la compasión de Jesús y desarrollar la fe para creerle incluso cuando no entendemos lo que nos está pidiendo. ¿Quiénes somos nosotros para decidir si alguien merece o no conocer a Jesús? ¿Contrarrestamos la invitación de Jesús con nuestro razonamiento humano? ¿Retenemos la compasión y la gracia que Jesús quiere demostrar a través de nosotros porque es inconveniente o requiere riesgo? ¿Y si la salvación de alguien... su liberación... su curación... su libertad... espera al otro lado de nuestra obediencia?

Estamos llamados a llevar a Jesús a la gente. Él puede usar a otra persona en nuestro lugar, pero quiere que seamos parte del milagro. Nunca nos arrepentiremos de haber dado a Dios nuestro *sí*. Comparte el Evangelio. Participa en la comunidad. Da generosamente. Mantente abierto al servicio. Ama con sacrificio. Abraza el corazón de Dios por la viuda, el huérfano, el quebrantado, el confundido y el herido. Bendice a quienes te persiguen por Su nombre. Sé lo suficientemente valiente para obedecer a Dios incluso frente a la oposición. Da la bienvenida a cada oportunidad de vivir en el propósito del reino y ser Jesús para alguien.

Jesús quería curar algo más que una enfermedad pasajera. Quería curar a Tomás y a los apóstoles de cualquier cosa que les impidiera cumplir el propósito de su reino. Tal vez Jesús miró fijamente a Tomás cuando le dijo: "Lázaro ha muerto, y por causa de ustedes me alegro de no haber estado allí, para que crean. Pero vamos a verlo" (Juan 11:14-15).

Su promesa tácita desató el potencial de Tomás. "Ahora verás, Tomás, que el dolor de Lázaro no será en vano. El dolor de María y Marta no será en vano. Algo va a suceder en tu vida que no sucedería de ninguna otra manera. Tu fe crecerá más allá de lo que podrías imaginar".

Algo cambió en Tomas. Hasta ese momento, había permanecido en silencio. Dentro de un momento, leeremos sus primeras palabras registradas en las Escrituras. Con la tercera y última declaración de Jesús: "Vamos hacia él", la valentía afloró en Tomás. La preparación estaba completa.

De cerca con Angela

La vida es a menudo como una gran lección de confianza. Las circunstancias que rodean nuestras decisiones pueden cambiar, pero la pregunta central permanece: ¿Confío realmente en Dios? A veces, nos pide que confiemos en Él y avancemos por territorios desconocidos y cambios inesperados. Otras veces, nos pide que estemos quietos y esperemos. Quizás la prueba de confianza más difícil para mí es ser lo suficientemente valiente como para creer que Él tiene un plan mejor cuando dice que no.

Como fundadora de Voice of the Voiceless, (Voz de los sin voz) una de las mayores alegrías de mi vida han sido mis casi veinte viajes a África. Trabajé en campamentos infantiles, en conferencias de mujeres y escalé el monte Kilimanjaro para construir pozos de agua potable. Con el tiempo, Dios redujo mi enfoque para empoderar a las mujeres en las regiones rurales, especialmente las esposas de pastores, a través de programas de microempresas. Mientras planeaba mi sexto viaje al continente que amo, por primera vez escuché un no del tamaño de Dios en mi espíritu en relación con África. Bueno, sinceramente, me pareció más bien un puñetazo en mis entrañas. Lo retrasé y lo negué, sobre todo porque tenía la intención de llevar un equipo completo para un campamento de niños en Ghana que para el cual ya había empezado a recaudar apoyo. Sabía lo que tenía que hacer. Lo que sigue procede de las anotaciones de mi diario, del 20 de febrero de 2012: "Estoy sentada en un avión de camino a Monrovia, Liberia. Antes de ir a África, un querido amigo me regaló un gran cartel de una cruzada de Reinhard Bonnke en África. Estaba colgado en una pared sin terminar en mi sótano hasta que, lamentablemente, se perdió durante unas reparaciones en la casa. Este es un momento en el que he cerrado el círculo. Me explico".

Hasta el último momento estuve pensando en cancelar el viaje a Ghana. Hablé de mis sentimientos con mi esposo y decidí obedecer la dirección y el tiempo de Dios, aunque no lo entendiera. Me fui a la cama con la intención de informar a todos los miembros del equipo al día siguiente. Me levanté a la mañana siguiente para comunicárselo a mi equipo (sin más explicación que la de que Dios había dicho que no) y, antes incluso de levantarme de la cama, oí claramente el nombre de Reinhard Bonnke. Lo descarté, pero luego decidí buscar *Cristo para todas las Naciones* (CfaN). Siempre había admirado su ministerio, pero nunca había entrado en su página web.

Al hacerlo, vi Calendario/Eventos, y luego "Desayuno de Ministración" en Richmond Virginia, a sólo una hora de mi casa. Como no había ningún lugar en la lista, busqué un número de teléfono y llamé para ofrecer nuestra iglesia como lugar para el evento. Tras un par de llamadas, decidimos que necesitábamos un espacio más grande. La mujer con la que hablé me dio las gracias y nos invitó a mí y a mi esposo, Dale, a asistir al acto como invitados VIP y conocer a los evangelistas Bonnke y Daniel Kolenda. Eufórica, pronto descubriría que Dios me tenía reservado mucho más. Nos reunimos con su director en EE.UU., nos asociamos con el evento para proporcionar voluntarios y acogimos al evangelista Kolenda ese fin de semana para que predicara en nuestra iglesia.

Ese mes ministré en concierto en una iglesia local, y el pastor, de una denominación muy tradicional, me dijo al final del servicio que Dios le había dicho que me enviaría a lugares de los que nunca había oído hablar. Esa semana, recibí un boletín de CfaN y en la lista de cruzadas, mis ojos se posaron en un lugar llamado Monrovia. Nunca había oído hablar de ese lugar. Mi corazón empezó a agitarse, y recibí una confirmación en mi espíritu a través de una conversación en el retiro de ministros de la semana siguiente.

Me inscribí para asistir a la cruzada e invité a otra amiga a acompañarme. Oramos y ayunamos sobre las finanzas, y la misma noche que acordamos en fe ir, ¡el Señor proveyó todo nuestro viaje completamente pagado! Así que ahora *sabía que* Dios quería que fuera al viaje, ¡pero todavía no tenía ni idea de por qué! Recibí varias palabras proféticas de personas que no se conocían en absoluto, que me vieron ministrando en un servicio de sanidad, de pie frente a una gran multitud, y sufriendo fuertes ataques demoníacos, pero manteniéndome firme.

He aquí un resumen de las anotaciones de mi diario personal a lo largo de este viaje. Experimenté el poder del Espíritu Santo de manera profunda e innegable. Fue sobrenatural, así que tratar de explicarlo en lo natural no es posible. Durante la semana de la cruzada, Daniel Kolenda me pidió que cantara en la cruzada por la mañana para casi 50.000 pastores, esposas y líderes. Canté "Break Every Chain" y escuché testimonios de brujos que vinieron a trastornar la cruzada y en su lugar entregaron sus vidas a Jesucristo. Me uní al grupo de pastores que el evangelista Bonnke invitó a imponer las manos sobre todas las peticiones de oración que habían sido entregadas para ser sanadas. Fui testigo de la curación de la ceguera de una joven a escasos metros de donde me encontraba, cuando una sustancia líquida brotó de sus ojos. Pudo ver por primera vez. Tuve devocionales en un pequeño grupo con mi héroe de la fe Reinhard Bonnke antes de que Dios le llamara a casa. Fui testigo de cientos de miles de personas que habían caminado desde muy lejos, bordeando campos abiertos, para encontrarse con Dios. Y por si todos estos acontecimientos no fueran suficientes, recibí la curación del trauma de una situación que me había herido profundamente. Volví a casa entera.

¿Estás preparada para esto? Las fechas de la cruzada en Liberia eran las FECHAS EXACTAS en las que yo habría estado en Ghana con el equipo del campamento de niños. Inmediatamente, pude ver por qué Dios me dijo que no. Estaba planeado. Él sabía lo que sólo Él podía saber. Él dirigió como sólo Él podía dirigir.

Nuestro trabajo no es saber por qué, sino confiar en la voz del Espíritu Santo y obedecer. Cuando confiamos en Su tiempo y dirección, incluso cuando no entendemos, el resultado es sobrenatural.

De cerca con Hubert

A veces parece que Dios nos pide que demos pasos en la fe sin comprender plenamente su tiempo. Sin embargo, podemos avanzar con una paz profunda que nos asegura que estamos en Su voluntad. Mientras pastoreaba una iglesia grande y próspera, me di cuenta de que mi trabajo allí había terminado. Dimos la bienvenida a doscientos nuevos miembros durante el año anterior y vimos los altares llenos al final de los servicios. Parecía que Dios quería que me quedara allí. Pero no fue así.

Aunque nos dolía dejar a la hermosa gente de aquella iglesia, percibimos la clara guía de Dios en nuestra decisión. Aún no sabíamos cuáles serían nuestros próximos pasos; sin embargo, obedecimos sin una pizca de temor. Mi esposa, nuestras tres hijas y yo pasamos el verano con nuestra familia, orando y buscando el tiempo de Dios. Al final del verano, nos sentimos guiados a mudarnos a Springfield, Missouri, y matricular a nuestras hijas en la escuela. A las pocas semanas, dos experiencias dejaron claro que estábamos recibiendo el tiempo de Dios para el siguiente paso. Un día, mientras conducíamos por un vecindario, vimos a un amigo de nuestra familia extendida parado a un lado de la calle. Él y su familia eran misioneros en África y pronto regresarían allí por un período de cuatro años. Después de compartir nuestra necesidad de trasladarnos, puso su casa a nuestra disposición para que la alquiláramos, e incluso incluyó los muebles hasta que llegaran los nuestros. Nos instalamos en ella e inscribimos a nuestras hijas en las escuelas.

La segunda confirmación tuvo que ver con una cita divina con un administrador de la Universidad Evangel en Springfield, Missouri. Mi esposa y yo estábamos caminando en una tienda cuando lo reconocimos y lo saludamos. Nos enteramos de que pronto quedaría vacante un puesto en la universidad. Le dimos las gracias por la información, y concerté una cita para reunirme con el presidente de la universidad. Me invitó a solicitar el puesto, y pronto recibí su invitación para aceptarlo. Con la confirmación en mi corazón y en el de los miembros de mi familia de que esto revelaba la mano de Dios obrando, recibí esta nueva asignación del Señor.

Creo que debemos pedirle a Dios que haga Su voluntad en nuestras vidas, orarle en el nombre de Jesús, estudiar Su Palabra, y observar cómo Él cumple Su voluntad. Creo que Él nos la da, incluso cuando no sabemos que lo está haciendo. A veces, no es hasta más tarde que nos damos cuenta de que la fidelidad de Dios nos llevó a posiciones que ampliaron nuestras oportunidades de servir más eficazmente. Simplemente tenemos que confiar en Él.

Durante los quince años siguientes, mi ministerio como uno de los vicepresidentes de la Universidad Evangel incluyó hablar en más de quinientas iglesias y ayudar a recaudar doce millones de dólares para ampliar las instalaciones de la universidad. Además, nuestras hijas recibieron sus títulos universitarios sin costo alguno.

Me asombra cómo actúa Dios. Con alegría le alabo por su fidelidad, su amor y su paz. Proclamo con valentía que puedes confiar en el tiempo de Dios.

Acércate

Enseñanza aprendida
Nuestras preguntas sobre el tiempo de Dios son oportunidades para la gloria de Dios.

1. Nuestro conocimiento limitado amenaza con oscurecer nuestra capacidad de creer que Dios quiere lo mejor para nosotros. Una pregunta crítica cambia la forma en que vemos nuestras circunstancias: ¿Cómo puede Dios utilizar esto para su gloria?

    ¿Hay alguna situación en tu vida que necesites replantearte con esta pregunta?

2. ¿Qué hacemos cuando no entendemos los tiempos de Dios? Filipenses 4:6-7 dice: "No se preocupen por nada; más bien, en toda ocasión, con oración y ruego, presenten sus peticiones a Dios y denle gracias. Y la paz de Dios, que sobrepasa todo entendimiento, cuidará sus corazones y sus pensamientos en Cristo Jesús."

    ¿Tiendes a retrasarte o a adelantarte al tiempo de Dios? ¿Cómo te ayudan estos versículos a experimentar la paz de que mientras esperas, Dios está obrando?

3. Cuando la dirección de Dios se encuentra con nuestra vacilación, podemos encontrarnos inundados de preguntas. No siempre sabremos por *qué* cuando Dios nos pide algo. Si esperamos hasta entender completamente el propósito de Dios, puede que nunca operemos en obediencia.

   ¿Qué partes de "De cerca con Ángela" y "De cerca con Hubert" te inspiran a tomar riesgos del tamaño de Dios y seguir la dirección de Dios?

CAPÍTULO 5

Un paso adelante

Jesús dio a conocer su intención: iría a Betania con o sin los apóstoles. La idea de volver con Jesús provocó un intenso temor en sus corazones. Si los enemigos de Jesús podían matarle allí, los apóstoles creían que seguramente ellos serían los siguientes en morir. Tomás aprovechó una situación inesperada para dar un paso adelante imprevisto. Al verle liderar, descubrimos varias características que definen la valentía devota.

Juan 11:16 dice: "Entonces Tomás, apodado el Gemelo, dijo a los otros discípulos: 'Vayamos también nosotros para morir con él'". En sus primeras palabras registradas, Tomás habló valientemente para alinearse con los propósitos de Jesús. Contrarrestó el grito de la oposición para convertirse en la voz del acuerdo. Tomás podría haber dicho simplemente a Jesús: "Quiero volver contigo, pase lo que pase". En lugar de eso, se dirigió a los apóstoles y declaró: "Vayamos también nosotros". Ante las difíciles circunstancias, su valentía poco común silenció y guio a los demás.

A menudo se reconoce al apóstol Pedro como el líder franco y frontal del grupo. Sin embargo, Tomás demostró rasgos similares de audacia y tenacidad para hablar cuando otros no lo hacían. Cuanto más observamos a Tomás, más lo vemos bajo una nueva luz: un apóstol valiente dispuesto a morir por Jesús.

En *Todos los Apóstoles de la Biblia*, Herbert Lockyer escribe lo siguiente sobre Tomás:

> Su actitud en esta coyuntura del ministerio de Cristo fue un signo de su apego y devoción a Él, y lo marca como poseedor de un amor tan profundo y fuerte como el de cualquier otro discípulo. Era un amor que no consideraba demasiado grande ningún sacrificio y, como uno de los más valientes entre los valientes, estaba dispuesto a ir a las mismas fauces de la muerte en compañía de su Señor. Por lo tanto, dejemos de difamar a Tomás, acusándole de miedo mórbido, desánimo y pesimismo. Era un espíritu selecto, con una nobleza y un valor de carácter que algunos teólogos no han reconocido con justicia. Su principal característica era la de un amor profundo y devoto, siempre dispuesto a dejarlo todo por Cristo, a atreverse a todo por Cristo y a morir con Cristo.[1]

No podemos permitir que el miedo o la falta de devoción nos impidan hablar cuando es necesario. Algunas situaciones exigen silencio, mientras que otras exigen nuestra voz. ¿Cómo podemos discernir la diferencia? Hace falta algo más que conocimiento: hace falta sabiduría. El conocimiento nos da hechos, pero la sabiduría interpreta esos hechos con precisión y toma las medidas apropiadas. Santiago 1:5 dice: "Si a alguno de ustedes le falta sabiduría, pídasela a Dios y él se la dará, pues Dios da a todos generosamente sin menospreciar a nadie". Las decisiones valientes deben estar bañadas de sabiduría. Tomás se mostró dispuesto a liderar la carga y a arriesgarlo todo por Jesús. Sus acciones estuvieron enmarcadas por el deseo, la decisión y la determinación.

Deseo

Tomás no habló cuando Jesús expresó inicialmente su intención de regresar a Judea. Sin embargo, pronto llegó a un punto de compromiso total, independientemente del resultado. Se hizo imperativo para él permanecer estrechamente unido a Jesús. Más que nada, Tomás deseaba lo que Jesús quería. Su obediencia honraba a Jesús. El pastor Jon Tyson escribe lo siguiente en *Beautiful Resistance*: "El honor es la llamada a reconocer el valor de Dios y de los demás y a ordenar nuestras relaciones en torno a ello. El honor es el sistema operativo del reino de Dios".[2]

El deseo es un reflejo de a quién y qué elegimos honrar. Como Tomás, nuestro deseo de conocer y seguir a Jesús debe ser mayor que cualquier otro deseo. Los deseos se forman a través de nuestra voluntad y son provocados por nuestras respuestas emocionales. Las Escrituras advierten sobre los peligros de los deseos desenfrenados que pueden llevarnos al pecado. Santiago 1:14-15 dice: "cada uno es tentado cuando sus propios malos deseos lo arrastran y seducen. Luego, cuando el deseo ha concebido, engendra el pecado; y el pecado, una vez que ha sido consumado, da a luz la muerte". Es nuestra responsabilidad evaluar nuestros deseos para determinar si están o no informados por la voluntad de Dios y son congruentes con la Palabra de Dios.

Mediante las promesas y la presencia de Dios, renovamos nuestra mente y ponemos nuestros deseos bajo el señorío de Jesucristo. El apóstol Pedro comparte esta invitación en 2 Pedro 1:3-4: "Su divino poder, al darnos el conocimiento de aquel que nos llamó por su propia gloria y excelencia, nos ha concedido todas las cosas que necesitamos para vivir con devoción. Así Dios nos ha entregado sus preciosas y magníficas promesas para que ustedes, luego de escapar de la corrupción que hay en el mundo debido a los malos deseos, lleguen a tener parte en la naturaleza divina." Aunque podemos ceder a los deseos de nuestra carne, no somos impotentes ante ellos. Así lo confirman las investigaciones científicas de la prestigiosa neurocientífica cognitiva Dra. Caroline Leaf. En su libro *Enciende tu cerebro*, escribe: "Nuestro cerebro no nos controla a nosotros; nosotros controlamos nuestro cerebro a través de nuestros pensamientos y elecciones. ... No somos víctimas de nuestra biología. Somos cocreadores de nuestro destino junto a Dios. Dios dirige, pero nosotros tenemos que elegir dejar que Dios dirija. Hemos sido diseñados para crear pensamientos, y a partir de ellos vívimos nuestras vidas".[3]

Los deseos piadosos son el punto de partida de una vida de fe tenaz. Cuando amamos y honramos al Señor más que a nada, sometemos nuestros deseos a los Suyos. Juan 15:7 dice: "Si permanecen en mí y mis palabras permanecen en ustedes, pidan lo que quieran y se les concederá". Una vez que sabemos que nuestros pensamientos son consistentes con Sus pensamientos, ganamos la confianza para pasar del deseo a la decisión.

Decisión

Tomás se encontraba en una encrucijada. No podía escapar a la gravedad del momento. Oprimido por la realización de que de repente podría quedarse sin Jesús, Tomás se desesperó por tomar una decisión: "¿Me quedo o me voy?" Tomás sopesó las opciones, evaluó el riesgo y decidió que la recompensa valdría la pena. Su respuesta marcaría su destino: "Jesús va a volver, y no se va a ir sin mí".

Tomás no dijo: "Vamos a ver cómo Jesús resucita a Lázaro". Jesús había dejado morir a Lázaro, y parece que los apóstoles no contemplaban la posibilidad de su resurrección. Sabían que Jesús tenía el poder de hacerlo, como habían presenciado con el hijo de una viuda. Jesús sabía que el milagro que les esperaba en Betania aumentaría la fe de Tomás. En Juan 11:14-15 Jesús dijo: "Lázaro ha muerto, y por causa de ustedes me alegro de no haber estado allí, para que crean". Tomás eligió seguir a Jesús por obediencia, no desde un lugar de plena comprensión del futuro. Su decisión abrió nuevos niveles de fe.

Criado como hebreo, los eruditos coinciden en que Tomás se habría visto ciertamente influido por el valor devoto de tres valientes jóvenes hebreos cuya historia se encuentra en el capítulo 3 de Daniel. Sadrac, Mesac y Abednego sabían que podían ser asesinados si se negaban a inclinarse para adorar una imagen de oro construida por el rey de Babilonia. Con valentía adoptaron una postura en los versículos 16-18: "Rey Nabucodonosor, no hace falta que nos defendamos ante usted. Si se nos arroja al horno en llamas, el Dios al que servimos puede librarnos del horno y de las manos de Su Majestad. Pero incluso si no lo hace, queremos que sepa, Su Majestad, que no serviremos a sus dioses ni adoraremos la estatua que usted ha erigido". Arrojados a un horno siete veces más caliente de lo normal, escaparon sin siquiera oler el humo. **Dios respondió a su decisión con su liberación**. El rey no sólo los liberó, sino que los honró a ellos y a su Dios. En sus acciones y en las de Tomás, encontramos un proceso de tres pasos a seguir cuando nos enfrentamos a una decisión importante: Detenerse, mirar y escuchar.

- **Detenerse.** Una decisión tomada a la carrera puede resultar errónea. Los tres hebreos se detuvieron y recordaron su compromiso de ofrecer culto sólo al único Dios verdadero de Israel. Cuando los apóstoles se apresuraron a juzgar y se resistieron a la petición de Jesús, Tomás hizo una pausa para reconsiderar su respuesta. Tomamos decisiones sabias cuando esperamos en Dios la puerta abierta y la confirmación de Su tiempo.

- **Mirar.** Los hechos de una situación pueden pintar un cuadro sombrío a menos que los veamos a través de la lente de la fe. Jan Aldridge, curada milagrosamente de un raro defecto congénito a los diecisiete años, escribe: "La fe pone una coma donde los hechos ponen un signo de exclamación".[4] Nuestros héroes vieron las posibles consecuencias de sus decisiones y depositaron toda su confianza en Dios. Como fueron lo bastante valientes para creer en Él pasara lo que pasara, su decisión dejó espacio para lo milagroso.

- **Escuchar.** En medio de una cultura contenciosa, tenemos que aprender a escuchar la voz suave de Dios. Al igual que Tomás y los tres hombres, podemos elegir guiarnos por nuestras convicciones en lugar de nuestras emociones. Incluso si le damos nuestro *sí* con manos temblorosas, Él honra nuestra rendición. Las decisiones tomadas desde una postura de obediencia nos posicionan para la bendición.

Dios nos invita a ver nuestras circunstancias desde una perspectiva celestial; Él tiene el futuro que nosotros no podemos ver. Nos desenredamos de la incertidumbre y experimentamos la verdadera victoria cuando descansamos en la seguridad del carácter inmutable de Dios. Deja en sus manos el resultado de cada decisión y confía en Él para que te dé la fuerza necesaria para mantenerte firme. Una vez que hemos tomado una decisión, la determinación es la fuerza que necesitamos para seguir adelante.

Determinación

Tomás se negó a que nada le impidiera seguir a Jesús, aunque eso significara la muerte. Su determinación como líder piadoso influyó en otros para que dieran también el paso. Cuando los tiempos de incertidumbre nos exigen liderar con confianza, su ejemplo nos ofrece una valiosa perspectiva. Los líderes piadosos reconocen que el miedo puede cortocircuitar una misión de Dios. Aceptan la incomodidad en lugar de mantener el statu quo. A menudo asumen mayores riesgos que quienes les rodean y eligen la obediencia en lugar de la complacencia. Los líderes piadosos proyectan una visión e inspiran a otros a alcanzar su potencial en el reino. Sin embargo, nuestra determinación de obedecer a Jesús no puede depender de que otros emprendan o no el camino con nosotros. No somos responsables de las decisiones de los demás, pero debemos administrar bien lo que Dios nos confía.

Gracia Burnham y su esposo Martin sirvieron en la Misión Nuevas Tribus de Filipinas durante diecisiete años. El 27 de mayo de 2001 rebeldes del grupo terrorista Abu Sayyaf secuestraron a los Burnham y a otros huéspedes de un complejo turístico y los llevaron como rehenes a la isla de Basilan. En los 376 días de cautiverio que siguieron soportaron penurias inimaginables y fatiga emocional. El 7 de junio de 2002 un tiroteo entre el ejército filipino y el grupo Abu Sayyaf acabó con la vida de Martin. Gracia sufrió una herida grave en la pierna, pero consiguió liberarse de sus captores.

Como autora de *En presencia de mis enemigos*, Gracia dijo esto sobre el último día de Martin en una entrevista con Angela:

> Sabíamos que los militares nos seguían; podíamos oírlos a lo lejos. No habíamos comido en 10 días, sólo sal y agua. Estábamos débiles y agotados y pensábamos que estábamos a salvo porque los militares nunca luchaban bajo la lluvia. Colocamos nuestras hamacas y lonas de plástico y Martin me dijo: "Gracia, esto no se siente como servir al Señor. Llevamos más de un año caminando por esta selva. Pero aceptemos por fe que eso es lo que estamos haciendo. Estamos sirviendo al Señor aquí, y hagámoslo con alegría". Minutos después, los militares llegaron a la colina, abrieron fuego contra nuestros captores y Martin murió en el fuego cruzado. Fueron sus últimas palabras... su desafío. Ese es el tema de mi nueva vida: Intento averiguar qué es lo que Dios quiere que haga y lo hago con alegría.[5]

Más peligroso que el riesgo de morir siguiendo a Jesús es la muerte lenta que sufrimos cuando abordamos la incertidumbre con complacencia. Reconocer las trampas que nos roban el propósito. La apatía hace que nos retiremos de la arena de la contribución significativa al reino. La obediencia diluida nos impide una mayor eficacia. Podemos cambiar las trampas de una posición pasiva por el poder y la autoridad que recibimos en la presencia de Dios. La determinación inquebrantable supera la adversidad.

Tomás tuvo fe para creer a Jesús en ese momento, aunque no comprendía del todo la misión. Pronto experimentaría más de lo que podía imaginar. Continuemos nuestra historia en el capítulo 11 de Juan.

Expectativas incumplidas

Mientras Tomás se acercaba a Betania con Jesús y los demás, es posible que se debatiera con un sin fin de emociones. ¿Habrían planeado los líderes religiosos un ataque? ¿Qué palabras podría encontrar para consolar a sus desconsolados amigos? Cuando llegaron, se dio cuenta de algo terrible: Lázaro llevaba cuatro días en la tumba. Los apóstoles habían visto a Jesús resucitar al hijo de la viuda y a la hija de Jairo a las pocas horas de su muerte. *¿Pero cuatro días?* La tradición judía enseñaba que el alma rondaba el cuerpo durante tres días, después de los cuales el cuerpo, el cerebro y los órganos se descomponían más allá de toda esperanza terrenal. Lázaro y el milagro inminente estaban fuera de la vista, pero no del alcance de Jesús.

Para María y Marta, la espera había sido insoportable. La gente iba y venía a darles el pésame, pero Jesús brillaba por su ausencia. Cuando llegó, Lázaro yacía muerto en la tumba. En cuanto Marta se enteró de la llegada de Jesús, fue a reunirse con el grupo a las afueras del pueblo. Una mirada suya se lo dijo todo a Tomás. Desconsolada, sus primeras palabras estaban cargadas del peso emocional de la experiencia que había vivido. "Señor... si hubieras estado aquí, mi hermano no habría muerto. Pero sé que Dios te dará todo lo que le pidas" (Juan 11:21-22).

Marta sabía que Jesús podría haber evitado que esto sucediera. No sólo enterró a su hermano, sino también sus expectativas insatisfechas. Jesús no permitió que su dolor palpable y su honestidad desenfrenada lo sacudieran. En Juan 11:23-27 dijo:

"Tu hermano resucitará".

Marta respondió: "Sé que resucitará en la resurrección, en el día final".

Jesús le dijo: "Yo soy la resurrección y la vida. El que cree en mí vivirá, aunque muera; y el que vive y cree en mí no morirá jamás. ¿Crees esto?"

"Sí, Señor": "yo creo que tú eres el Cristo, el Hijo de Dios, el que ha de venir al mundo".

Tomás asimiló la magnitud de su conversación. Vio cómo la inoportuna crisis catapultaba a Marta a niveles más profundos de fe. En medio de su dolor, Marta confesó con valentía que Jesús era el Mesías. Aunque no entendía exactamente lo que Él planeaba hacer, lo conocía, y eso era suficiente.

La amargura crece fácilmente en el suelo de las expectativas no cumplidas, pero no para Marta. Ella se negó a dejar que nada oscureciera su devoción. Convirtió la adversidad en una oportunidad de crecimiento espiritual. Permitió que la tumba de la decepción se convirtiera en la herramienta que elevara su fe.

María se quedó atrás, sin duda agotada por el continuo flujo de visitas y con el corazón destrozado por la pérdida de su hermano. Tal vez aún no había encontrado las palabras para decírselas a Jesús. Cada hermana procesó su dolor de una manera única. Tanto si la desesperación nos lleva a enfrentarnos a Jesús como a alejarnos de Él, su respuesta es la misma: nos invita a acercarnos cuando el dolor nos aleja. Las palabras de Marta a María contienen el bálsamo curativo para todo corazón roto: "El Maestro está aquí. . .y te llama" (Juan 11:28).

Jesús no volvió sólo para llamar a Lázaro de la tumba. También vino a rescatar a María y a Marta de las garras mortales de la confusión y el aislamiento. Frente a frente con Jesús, ninguna de las dos hermanas se contuvo. María se arrojó a los pies de Jesús, llorando mientras se lamentaba de la misma manera: "Si hubieras estado aquí, mi hermano no habría muerto" (Juan 11:21). Incluso los judíos que lloraban con María y Marta se preguntaban en voz alta por qué Jesús, el hombre que abrió los ojos a los ciegos no había evitado que Lázaro muriera. Sus expectativas insatisfechas dieron lugar a preguntas sin respuesta.

No somos inmunes a la confusión cuando las expectativas no se cumplen. No tenemos por qué quedarnos atascados en el atolladero del *por qué*. En lugar de eso, podemos preguntar a Dios qué quiere hacer en y a través de nosotros y nuestras circunstancias. Podemos plantearle a Jesús nuestras preguntas difíciles, pero no podemos permitir que creen sospechas sobre su carácter y causen distanciamiento en nuestra relación. No hay tumba tan oscura que Jesús no pueda alcanzarnos.

Jennifer Rothschild autora de *Lecciones que aprendí en la oscuridad* dijo esto sobre vivir con la condición de ceguera: "Cuando estamos decepcionados en la vida, podemos elegir servir a nuestra decepción, o podemos servir a Jesús *en* nuestra decepción".[6] Servimos a nuestra decepción cuando nos detenemos en lo que no podemos cambiar. Eso puede llevarnos a culpar a Dios por lo que pensamos que debería habernos evitado o por lo que pensamos que nos ha ocultado. Servimos a Jesús *en nuestra desilusión* cuando somos lo suficientemente valientes como para creer que Él es digno de nuestra entrega total pase lo que pase.

María y Marta esperaban que Jesús hiciera algo por ellas, pero Él quería hacer algo *en* ellas primero. Mientras Jesús hablaba con las hermanas, no defendió su demora. Tampoco ocultó sus emociones. Su respuesta de dos palabras constituye el versículo más corto de las Escrituras: "Jesús lloró" (Juan 11:35).

Su profunda empatía por María y Marta sin duda impactó a Tomás. Fue testigo de una expresión cercana y personal del modo en que Jesús sigue relacionándose con nosotros hoy en día.

El escritor de Hebreos dice esto en el capítulo 4:15-16: "Porque no tenemos un sumo sacerdote incapaz de compadecerse de nuestras debilidades, sino uno que ha sido tentado en todo de la misma manera que nosotros, aunque sin pecado. Así que acerquémonos confiadamente al trono de la gracia para recibir la misericordia y encontrar la gracia que nos ayuden oportunamente."

Jesús no es indiferente a nuestro dolor y sufrimiento. Como María y Marta, podemos acudir a Él en tiempos de decepción con cruda vulnerabilidad, con el corazón abierto, y ofrecerle nuestra plena confesión de fe. Cuando abrimos los puños y liberamos nuestras expectativas insatisfechas, encontramos descanso en la compasión infinita de Dios.

El milagro

Jesús llegó a la tumba de Lázaro con Tomás y los demás para encontrar una gran piedra que cubría la entrada. Cuando Jesús ordenó quitar la piedra, Marta respondió a su petición preocupada por el deterioro de su querido hermano. Su esperanza había muerto. No podía ver más allá de las limitaciones de lo natural para captar la dinámica espiritual en acción.

Sin embargo, el milagro estaba más allá de la piedra. Jesús se volvió hacia ella y le dijo: "¿No te dije que, si crees, verás la gloria de Dios?" (Juan 11:40).

A veces nos cuesta dejar que Jesús entre en los lugares que le hemos cerrado, creyendo que es demasiado difícil para Él o demasiado doloroso para nosotros. Podemos confiar en que Jesús mueve una piedra para sanarnos, no para herirnos. Lisa Whittle comparte esto en *Lo difícil del bien:*

> Cuando no tratamos con nuestro corazón roto, esto nos lleva a más heridas. . ..
>
> Si queremos tener alguna posibilidad de volver a abrir nuestros corazones, primero tendremos que atender los lugares en los que hemos sido heridos. Tendremos que ser honestos sobre ellos, llamarlos exactamente lo que son, y dejar que Dios haga la cirugía del alma necesaria para que podamos seguir adelante. . ..
>
> No caemos en la desesperanza, sino que nos abandonamos a ella. Abrir de nuevo nuestros corazones no tiene nada que ver con otras personas. Tiene todo que ver con cuánto le creemos a Dios. Si creemos que Él nos tiene, nos ama y que podemos confiar en Él, podremos vivir sin el miedo que nos retiene.[7]

Cuando miramos fijamente la piedra de lo que parece imposible, podemos dudar en creer que Jesús puede cambiar nuestra situación. Puede parecer que nuestro matrimonio, nuestras finanzas o nuestra salud se han deteriorado más allá de toda esperanza. En momentos tan tiernos como éstos, recibimos dos invitaciones diferentes que nos desafían a aceptar, con fe, la palabra de Dios. Pueden *sonar* parecidas, pero no podrían estar más alejadas. Debemos reconocer tanto la sustancia como la fuente.

En Génesis 3:1 Satanás preguntó a Eva: "¿Con que Dios les dijo que no comieran de ningún árbol del jardín?"

En Juan 11:40 Jesús preguntó a Marta: "¿No te he dicho que, si crees, verás la gloria de Dios?"

La primera pregunta nos invita a dudar de la bondad de Dios y a poner a prueba su carácter. La otra nos invita a confiar en la bondad de Dios y saber que Su carácter nos sostendrá a *través de* cualquier prueba. Cuando rechazamos la fuente falsa, llena de mentiras, y nos comprometemos plenamente con la verdad, Dios puede quitar cualquier piedra que bloquee Su voluntad. Él redime, restaura y reutiliza cualquier cosa para Su gloria.

María y Marta contuvieron la respiración mientras los que estaban cerca retiraban la piedra. Juan 11:43-44 dice: "Dicho esto, gritó con fuerza: '¡Lázaro, sal fuera'! El muerto salió con vendas en las manos y en los pies, y el rostro cubierto con un sudario."

El ambiente se volvió electrizante. La multitud prorrumpió en alabanzas al contemplar la gloria de Dios. Su amigo... su hermano, salió vivo del sepulcro. María y Marta lloraban de alegría. Habían permitido que Jesús entrara en su más profundo dolor y ahora recibían su recompensa. Tomás estaba asombrado. Había permitido que Jesús lo llamara de entre la multitud y lo llevara a una relación con Él. Nunca imaginó lo que vería y experimentaría. Su determinación de seguir a Jesús a toda costa le llevó a este momento que nunca olvidaría.

Jesús se volvió hacia ellos y les dijo: "Quítenle las vendas y dejen que se vaya" (Juan 11:44). Tal vez Tomás alargó la mano para desenvolver las tiras de lino y ser el primero en mirar el rostro de Lázaro. Amaneció un nuevo día... todo lo que enredaba a Lázaro desapareció. A veces, las graves vestiduras de la incertidumbre envuelven nuestra devoción y nuestro valor. Las cuerdas de nuestro pasado intentan ahogar la promesa de nuestro futuro. Hace falta un encuentro con Jesús para ser verdaderamente libres y completos. Él nos llama a salir de todo lo que nos enreda y acercarnos a Él. No fuimos creados para vestir ropas de tumba; fuimos creados para vestir ropas de gracia.

Para Tomás, todo había conducido a esto. Si no hubiera pedido ir con Jesús a Betania, Jesús se habría ido sin él. Pero como Tomás había tenido el valor de creer, los demás apóstoles también fueron testigos de este milagro. Todo el tiempo, Jesús les había dicho que esta enfermedad no terminaría en muerte. Demostró que es el Dios de lo imposible. Conocía el final de Lázaro desde el principio, y lo conoce para nosotros.

Adversidad

Los aplausos no siempre siguen a un milagro. Muchos judíos creyeron en Jesús a raíz de la resurrección de Lázaro. Cuando los líderes religiosos se enteraron, convocaron una reunión de emergencia y conspiraron para matar a Jesús. Como resultado, Juan 11:54 dice: "Por eso Jesús ya no andaba en público entre los judíos. Se retiró más bien a una región cercana al desierto, a un pueblo llamado Efraín, donde se quedó con sus discípulos."

Pocas cosas causan más desánimo que una victoria seguida de una experiencia en el desierto. ¿Qué encontraron en el desierto? Ya no estaban rodeados de multitudes que los adoraban, sino que experimentaron la solitaria arena de la desolación. Ya no se consumían con el manejo de la actividad del reino, no tenían nada más que tiempo. Tal vez se preguntaron qué pasó con el territorio ampliado que esperaban... los nuevos niveles de ministerio... el alivio de la adversidad. Lo que comenzó como un arreglo ahora parecía un revés. Este repentino giro de los acontecimientos puede haber cogido desprevenidos a Tomás y a los apóstoles, pero no a Jesús. Él sabía que el fruto del milagro enfurecería aún más a los líderes religiosos, forzándole a Él y a sus seguidores más cercanos a un lugar inhóspito. Para que Lázaro viviera, algo más tenía que morir: Jesús ya no se movía libremente por la región. Sin embargo, esta breve temporada en el desierto proporcionó el espacio para las conversaciones que sostuvieron Tomás y los demás durante mucho tiempo. Allí ocurrieron cosas que no habrían sucedido de ninguna otra manera.

La obediencia siempre traerá bendición, pero puede que no sea como pensábamos. Si anticipamos la resistencia, no nos desviaremos por la duda o la decepción. Incluso Jesús, nuestro máximo líder, se enfrentó a los celos y al rechazo. Podemos estar directamente en el centro de la voluntad de Dios y aun así experimentar oposición.

Satanás es implacable en sus esfuerzos por matar lo que Dios ha levantado a la vida en nosotros. Sé lo suficientemente valiente como para creer que Dios trabaja incluso en el desierto para cumplir Sus propósitos en nuestras vidas. Tal vez lo que parece un páramo no es un páramo en absoluto, sino un espacio para una conversación tranquila y una relación más profunda con Cristo. Y eso es una preparación para dar un paso adelante.

De cerca con Angela

Del 3 al 13 de enero de 2011, me embarqué en una aventura inolvidable para escalar el monte Kilimanjaro para recaudar fondos para financiar pozos de agua. Me uní a WorldServe International y a un equipo de cuarenta y cuatro alpinistas para escalar la montaña más alta de África, de 19.340 pies de altura. En mis cuatro viajes anteriores a África por aquel entonces, había sido testigo de la devastación que provoca la falta de agua potable: más de seis mil personas mueren cada día. La decisión de aceptar este encargo de Dios la tomé tras muchas oraciones y conversaciones. El sacrificio personal que suponía no sólo recaudaba fondos, sino que sensibilizaba profundamente. Los aspectos de alto riesgo y alta recompensa de la empresa también aumentaron mis temores.

¿Qué motiva a un líder piadoso a desafiar sus limitaciones para aceptar las asignaciones de Dios? Al estudiar las acciones de Tomás en este pasaje, identificamos varios criterios.

En su obediencia, Tomás eligió el riesgo frente a la comodidad. Dios llama a los líderes con mentalidad de reino a dejar atrás la complacencia para inspirar a otros. Pocas cosas dieron más la bienvenida a la incomodidad en mi vida que escalar el Monte Kilimanjaro.

Tras meses de intensa preparación y entrenamiento físico, ¡por fin llegó el día! Empezamos a adaptarnos a la altitud mientras visitábamos Loibersoit, una remota aldea masai donde WorldServe International colocó un pozo. Ver los hermosos rostros de los aldeanos y la diferencia que el agua suponía en sus vidas supuso una motivación adicional para la monstruosa tarea que teníamos por delante.

Comenzamos la ascensión de seis días al monte Kilimanjaro por la ruta Machame, la más pintoresca, pero también la más difícil de las rutas abiertas. De día, atravesamos cuatro de sus ecosistemas: selva tropical, páramo, desierto alpino y valles glaciares. De noche, nos acurrucábamos en pequeñas tiendas para dos personas y soportábamos temperaturas bajo cero. Dimos un promedio de veinticinco mil pasos al día a lo largo de sesenta millas. Nuestra equipo de 164 personas, incluidos guías y cargadores, preparaba comidas extraordinarias, cargaba grandes mochilas y caminaba hasta ocho kilómetros más cada día para conseguir agua fresca con la que llenar nuestras cantinfloras.

Todos los que escalan el Monte Kilimanjaro ponen su esperanza en una cosa: alcanzar la cumbre del Pico Uhuru. A pesar de mi determinación, durante el cuarto día completo de escalada ese deseo largamente codiciado empezó a esfumarse. Nuestra jornada de once horas incluía la pared del Barranco, un reto ominoso pero gratificante. A última hora de la tarde, con náuseas y sin poder retener el agua, empecé a tener problemas para concentrarme. Reduje el ritmo para caminar a solas por el valle de Karanga. Con sólo la batería del teléfono para escuchar música de alabanza, Dios ministró a mi alma cansada y—literalmente—me guió a través del valle. Mientras miraba lo que aún me quedaba por escalar, pensé: "Ya no puedo más. No hay manera de que pueda subir esto".

Me incliné hacia delante y apoyé la cabeza en mis bastones para descansar. Vacié mi cantinflora de agua, intentando aligerar mi carga. Hundida en mi punto más bajo, luché por respirar hondo. Justo entonces, Sam, uno de nuestros guías, se puso delante de mí y me susurró suavemente: "Sigue mi ritmo. Sigue mis pasos".

Puse un pie delante del otro hasta que me condujo al campamento base de la cumbre, a dieciséis mil pies de altura. Los médicos consideraron que mi ritmo cardíaco era demasiado elevado y mi respiración demasiado leve para continuar. Lloré y me empapé de la presencia de Dios mientras experimentaba mi cumbre personal al atardecer al borde del acantilado en Barafu Camp.

A la 1 de la madrugada, mientras muchos miembros del equipo intentaban llegar a la cumbre, varios de nosotros caminamos en la oscuridad montaña abajo. Cuando nos detuvimos una vez para apagar las linternas y contemplar las espectaculares estrellas, nos volvimos para ver la hilera de pequeñas luces, los miembros de nuestro equipo, abrirse camino hacia la cumbre. Una profunda decepción se apoderó de mi corazón. Pero Dios no sólo habla en los momentos cumbre de nuestras vidas; también habla en el valle y en la más oscura de las noches.

He llevado ese momento en que Sam se movió delante de mí, no sólo montaña abajo, sino a través de la vida. Estamos llamados, no a un resultado, sino a la obediencia. Se nos pide que sigamos los pasos de Dios y escuchemos con atención su voz, especialmente en los momentos difíciles. A través de esta experiencia, Dios me dio esta vívida analogía espiritual de Su aliento que se encuentra en Gálatas 5:25: "Si el Espíritu nos da vida, andemos guiados por el Espíritu". Sigue al Espíritu. y déjate guiar por Él.

Tanto si escalas el Kilimanjaro como si no, escalarás montañas espirituales en tu vida. Entra en tu vocación. El miedo siempre enumerará las razones por las que no puedes. La fe encuentra el camino. Acepta la incomodidad. Acepta el riesgo. Acepta las tareas del tamaño de Dios que te llevan más allá de tu capacidad. Si miras tu vida y sientes que puedes hacerlo todo con tus propias fuerzas, tal vez no estés soñando sueños lo suficientemente grandes para Dios. Dios utiliza a la gente ordinaria para hacer cosas extraordinarias. Él es el extra. Todo lo que Él requiere de nosotros es obediencia.

De cerca con Hubert

¿Merece la pena correr riesgos para cumplir la voluntad de Dios para tu vida? Mi respuesta es un sí rotundo. Mi esposa y yo asumimos nuestro mayor riesgo en el ministerio cuando, a la edad de veintisiete años, decidimos trasladarnos a Charlotte, Carolina del Norte, para fundar una nueva iglesia. Con mi esposa Glenda, embarazada de seis meses, y Angela, de dos años, nos dirigimos a Charlotte en un coche con 120.000 millas. Ni siquiera teníamos capital acumulado para una casa. Los retos eran reales.

Originalmente, los oficiales del distrito de las Asambleas de Dios de Carolina del Norte planearon nombrar al Reverendo Conant, un pastor de Pensilvania para dirigir la iglesia. El reverendo Conant coordinaría entre setenta y cinco y cien voluntarios de iglesias del sudeste de Estados Unidos que pasarían cinco días y cinco noches en Charlotte para ir de puerta en puerta e invitar a la gente a los primeros servicios. Con su hijo al volante, el reverendo Conant emprendió el viaje desde Pennsylvania hasta Charlotte para asistir a una reunión de planificación estratégica de la nueva iglesia. Cuando su hijo se durmió al volante, el coche se salió de la autopista y se estrelló. El reverendo Conant murió en el accidente.

Llevaba dos años trabajando como director estatal de juventud de las Asambleas de Dios de Carolina del Norte. Una noche, en uno de nuestros viajes por Charlotte, mis ojos se posaron en las luces de la ciudad, y mi corazón y mi mente se agarraron con el deseo de ver a Dios transformar a la gente allí. Sabía que habría muchos que se encontrarían en desesperada necesidad del Salvador, el Señor Jesucristo. Conmocionado y profundamente entristecido por la noticia de la muerte prematura del Rev. Conant, mi espíritu se agitó de nuevo en relación con lo que sucedería a las personas en Charlotte que necesitaban al Salvador.

Me dirigí a un pasillo del edificio de la sede central de las Asambleas de Dios en Dunn, Carolina del Norte, y pedí reunirme con el superintendente y el director estatal de misiones domésticas. Mientras hablábamos, comencé a compartir con ellos cómo sentía la urgencia de ministrar a la gente en Charlotte. Les dije que mi esposa y yo oraríamos por mudarnos a Charlotte para comenzar la nueva iglesia si nos aprobaban para ir allí. Dijeron que considerarían mi nombramiento como nuevo pastor y que orarían por ello. Cuando llegué a casa esa noche, le dije a mi esposa que los oficiales del distrito estaban considerando a alguien que sería el pastor de la nueva iglesia en Charlotte. Ella dijo: "Creo que sé quién es". Con su confirmación añadida, esa noche nos arrodillamos junto al sofá y nos comprometimos con la voluntad de Dios, fuera cual fuera. A los pocos días, recibimos la noticia de que habíamos sido designados para ir a Charlotte.

Dios bendijo nuestra obediencia de manera milagrosa. Las Asambleas de Dios gestionaron la compra de un poco más de un acre de terreno en Scaleybark Road por aproximadamente 9.600 dólares. También tenían dos hombres que estaban dispuestos a dedicar tiempo a la construcción de un edificio de ladrillo de tres mil pies cuadrados, que contenía un santuario, aulas, oficinas y baños. Los arreglos financieros acordados para el nuevo pastor eran que primero se pagaran todas las facturas (pagos de la hipoteca, servicios públicos, suministros de la iglesia, etc.) y que el pastor recibiera el 75% de la cantidad sobrante. Mis ingresos personales del primer mes ascendieron a 265 dólares.

Con nuestra pequeña casa en alquiler y sin pagos pendientes de nuestro automóvil, mi esposa y yo decidimos que me concentraría a tiempo completo como pastor y pondríamos nuestra confianza en Dios para nuestra supervivencia. **Confiaríamos en Dios para nuestros ingresos y confiaríamos en Él para el resultado.** Él bendijo la obra. Después de comenzar con una asistencia de doce personas, en seis meses asistían entre cuarenta y cincuenta. Las ofrendas aumentaron gradualmente y, en seis meses, nuestros ingresos ascendieron a 1.000 dólares al mes. Me encantaba servir a la gente: visitar a los enfermos, hacer visitas a la gente del vecindario, comenzar un programa de radio diario de cinco minutos llamado *La Llamada Telefónica del Pastor*, y prepararme para el ministerio de la palabra de Dios.

La mayoría de las doce personas que empezaron la iglesia con nosotros venían de First Assembly of God Church en Charlotte donde el Reverendo Fortenberry servía como pastor. El decidió anunciar que estábamos comenzando la nueva iglesia e invitó a cualquiera de su gente a ayudarnos que deseara hacerlo. Asumió un riesgo que podría haber debilitado a su propia iglesia para ayudar a la nueva iglesia. Lo que hizo marcó una gran diferencia en nuestro progreso en la Asamblea de la Trinidad. Dios hizo algo milagroso en su iglesia después de eso. Antes de que comenzáramos la nueva iglesia, la asistencia a la iglesia Primera Asamblea había sido consistentemente de cien a ciento cincuenta personas por muchos años. Después de su bondad y generosidad para promover la nueva iglesia, la asistencia a su iglesia creció a trescientas personas en el siguiente año.

También fuimos bendecidos por otros pastores que nos invitaron a compartir nuestro ministerio en sus servicios de los miércoles por la noche, donde animaron a su gente a traer comestibles para dárnoslos. Colocamos nuestros servicios de mitad de semana los jueves por la noche, lo que nos permitió hacer visitas a otras iglesias los miércoles por la noche. Significó mucho para nosotros recibir las expresiones de amor de otras iglesias.

Sin ninguna garantía de ingresos personales, el riesgo resultó valer la pena. La gente respondió a la invitación de creer en Jesús, arrepentirse del pecado y bautizarse en agua. En los cinco años que pastoreamos en Charlotte, la iglesia creció a 450 personas con un nuevo santuario construido para acomodar a las multitudes. Dos jóvenes entregaron sus vidas a Dios para el ministerio a tiempo completo y han servido fielmente durante muchos años como pastores.

Surgieron oportunidades para producir dos álbumes discográficos y una película titulada *The King Is Coming (El Rey ya viene)*. El pastor de la iglesia presbiteriana más antigua de Charlotte, Horace Hilton, me pidió que dirigiera el culto en un desayuno de oración semanal, los viernes por la mañana, al que asistían trescientos hombres de todo Charlotte. Cuando planeó llevar a treinta personas a un tour por Israel, me invitó a ser su invitado y cantar "The King Is Coming" en el Monte de los Olivos cerca de Jerusalén. El líder del capítulo Full Gospel Business Men's Charlotte se enteró, y él y su esposa pagaron para que mi esposa fuera con nosotros.

No dudes en arriesgarte por la voluntad de Dios en tu vida cuando veas con confianza que Él está disponiendo y confirmando las cosas para ti. Él siempre bendecirá tu obediencia.

Acércate

Enseñanza aprendida

Hay algo más peligroso que arriesgarse a morir por seguir a Jesús: es la muerte lenta que sufrimos cuando afrontamos la incertidumbre con complacencia.

1. En sus primeras palabras registradas, "Vayamos también nosotros para morir con Él", Tomás habló valientemente para alinearse con los propósitos de Jesús.

    ¿De qué manera ha ampliado este capítulo tu comprensión de Tomás y te ha inspirado para dar un paso adelante ante circunstancias difíciles?

2. Tomás sopesó las opciones, evaluó el riesgo y decidió que la recompensa valdría la pena. Su respuesta marcaría su destino: "Jesús va a volver y no lo hará sin mí".

    ¿Qué proceso de tres pasos puede utilizar cuando se enfrenta a una decisión importante?

3. Tanto María como Marta salieron al encuentro de Jesús con el mismo lamento: "Si hubieras estado aquí, mi hermano no habría muerto". Jennifer Rothschild nos anima: "Cuando estamos decepcionados en la vida, podemos elegir servir a nuestra decepción, o podemos servir a Jesús *en* nuestra decepción."

    María y Marta esperaban que Jesús hiciera algo *por* ellas, pero Él quería hacer algo *en* ellas primero. Llevó a Marta a un lugar de confesión y a María a un lugar de aislamiento. ¿Qué sientes que Dios está haciendo *en* ti, incluso ante expectativas no cumplidas?

ENCUENTRO 3

CAPÍTULO 6

El lugar

"¿Mah nishtanah halyla hazeh mikol halaylot? Mamá, ¿por qué celebramos la Pascua? ¿Qué significa todo esto? ¿Por qué sólo la matzá? ¿Por qué las hierbas amargas?"[1]

"Siempre con preguntas, ¿eh, Tomás?" Su madre no esperaba menos de su inquisitivo hijo. "La Pascua forma parte de nuestra familia desde hace generaciones. Nos tomamos este tiempo para recordar lo que Dios hizo cuando pasó por encima de las casas de los israelitas en Egipto y libró nuestros hogares de la muerte. Dios vio la sangre del cordero sobre los dinteles de las puertas de nuestro pueblo. Comemos pan sin levadura para recordar que Él nos sacó de la esclavitud y nos apartó. El año que viene tendrás edad para ir con tu papá a traer el cordero para el sacrificio".

Los pensamientos reflexivos de Tomás volvieron al presente. Recogió sus últimas pertenencias para partir con Jesús y los demás. Faltaban sólo seis días para la Pascua y había llegado el momento de abandonar el desierto y dirigirse a Jerusalén.

Del desierto al camino

Mateo, Marcos y Lucas dedicaron una cuarta parte de sus Evangelios a la última semana de la vida de Jesús. Juan dedica casi el 50% de su evangelio a los últimos acontecimientos de los tres años de ministerio de Jesús. Jesús sabía lo que le esperaba en esta semana, una traición, una negación y un juicio. Más de una vez, a lo largo de los Evangelios, predijo su muerte, sepultura y resurrección. Sin embargo, ni siquiera sus seguidores más cercanos lo entendieron. Cuando puso su rostro en la cruz, eligió utilizar sus últimos momentos para mostrar el camino de la fe en lugar del camino del mundo. Jesús nunca permitió que las barreras creadas por el hombre le apartaran de las citas divinas. Invitó a la gente a acercarse, sin importar lo que intentara alejarlo.

Al ponerse el sol en Betania, Jesús y los apóstoles regresaron de nuevo, esta vez para una comida en honor de Jesús. Saborearon la comida casera de Marta y la alegre conversación. Mientras Lázaro seguía recostado durante la cena, María tomó un frasco de perfume caro, lo derramó sobre los pies de Jesús y los enjugó con sus cabellos. El aroma del ungüento y su adoración se extendieron por la habitación. Antes de que Tomás pudiera asimilar el momento, Judas se apresuró a objetar lo que consideraba un uso insensato del dinero. Jesús acalló las críticas y agradeció su sacrificio. Lo que algunos veían como despilfarro, Él lo reconocía como adoración. "'Dejadla en paz', respondió Jesús. 'Ella ha estado guardando este perfume para el día de mi sepultura. A los pobres siempre los tendrán con ustedes, pero a mí no siempre me tendrán'" (Juan 12:7-8).

Las palabras de Jesús resonaron en los oídos de Tomás. . . . "no siempre me tendréis". Tras una noche de sueño intranquilo, Tomás se despertó con la perspectiva de un nuevo día. Lo que comenzó como un viaje tranquilo se convirtió en otra oportunidad para que Jesús demostrara su misión. A medida que Jesús y los apóstoles llegaban a las afueras de Jericó, se iba formando una multitud. Los gritos desesperados de un mendigo ciego se elevaron por encima del clamor: "'¡Jesús, Hijo de David, ¡ten compasión de mí!' Los que iban delante le reprendieron y le mandaron callar, pero él gritaba aún más. Jesús se detuvo y ordenó que le trajeran al hombre" (Lucas 18:38-40). Lo que algunos veían como una molestia, Él lo reconocía como una fe valiente. Tomás y los demás hicieron retroceder a la multitud y dejaron sitio para que el hombre se acercara. "Jesús le preguntó: '¿Qué quieres que haga por ti?' 'Señor, quiero ver', respondió. Jesús le dijo: 'Recibe la vista; tu fe te ha sanado'. Al instante recobró la vista y siguió a Jesús, alabando a Dios. Cuando toda la gente lo vio, también alabaron a Dios" (Lucas 18:40-43).

Tomás y los apóstoles se esforzaron por controlar a las masas. Las cosas se intensificaron cuando llegaron al corazón de la ciudad. Zaqueo, el principal recaudador de impuestos decidió que el odio de los demás no le impediría ver a Jesús. Incapaz de ver, se subió a un árbol para tener un mejor punto de vista. Jesús le dijo que bajara inmediatamente y se dirigió a su casa para visitarle. Lo que algunos veían como reprobable, Él lo reconocía como redimible. Jesús le dijo: "'Hoy ha llegado la salvación a esta casa', le dijo Jesús, 'ya que este también es hijo de Abraham. Porque el Hijo del hombre vino a buscar y a salvar lo que se había perdido'" (Lucas 19:5-10).

Finalmente, entraron en la ciudad de Jerusalén. Las calles bullían de viajeros venidos de toda la región para celebrar la fiesta anual de la Pascua. Salieron a su encuentro, agitando ramas de palma para señalar su llegada. Tomás y los apóstoles condujeron a Jesús en un pollino a través de la multitud de gente, mientras los gritos de alabanza resonaban en el aire: "¡Hosanna!... Bendito el rey de Israel" (Juan 12:13). El pueblo anhelaba un libertador de la opresión e interpretó su llegada como el cumplimiento de sus esperanzas. Ese día, la ciudad se llenó de familias que recorrían los mercados y los patios de los templos para elegir el cordero para la cena de Pascua. Jesús entró en Jerusalén con una intención: vino como Cordero de la Pascua para quitar los pecados del mundo.

Lucas continúa en el capítulo 19:41-42: "Cuando se acercaba a Jerusalén, Jesús vio la ciudad y lloró por ella. Dijo: '¡Cómo quisiera que hoy supieras lo que te puede traer paz! Pero eso ahora está oculto a tus ojos.'" Ahora mi alma está angustiada, ¿y acaso voy a decir: "Padre, ¿sálvame de esta hora difícil"? ¡Si precisamente para afrontarla he venido!" (Juan 12:27). Había llegado la hora, no de que ocupara Su lugar como rey terrenal, sino de que entregara Su vida y fuera glorificado por Su Padre.

Tomás y los apóstoles habían aprendido el valor de la presencia y la proximidad. Siguieron estando cerca de Jesús en los últimos días de su vida en la tierra. Los Evangelios de Mateo, Marcos, Lucas y Juan ofrecen un relato detallado de la forma en que Jesús decidió pasar su última semana, y Tomás fue testigo de todo ello. Jesús siguió contrastando el camino del Reino con el camino de la cultura. En primer lugar, expulsó del templo a los que lo utilizaban con fines lucrativos. Durante el día, enseñaba y curaba allí y advertía a sus seguidores más cercanos de los peligrosos tiempos que se avecinaban. Por la noche, dormía en el cercano Monte de los Olivos. Los líderes religiosos intentaron encontrar la manera de matarle, pero Lucas 19:48 dice: "El pueblo estaba pendiente de sus palabras".

Las tensiones llegaron a un punto de ebullición en un enfrentamiento que duró todo el día. Mientras los fariseos y los miembros del Sanedrín desafiaban su autoridad, Jesús reveló que el templo pronto sería destruido. Mientras ellos tramaban arrestar a Jesús, Él se preparaba para celebrar la cena de Pascua con sus apóstoles.

Los cuatro Evangelios comparten el relato de lo que conocemos como la Cena del Señor. Los capítulos 13 y 14 de Juan contienen una serie de declaraciones y acontecimientos que condujeron a la segunda vez que Tomás habló en las Escrituras. Desde el momento en que comenzaron la que sería su última cena juntos, Tomás y los demás pudieron sentir que algo había cambiado. Una mirada de emociones inundó a Tomás cuando Jesús tomó la forma de un siervo y les lavó los pies. En una serie de sorprendentes revelaciones, declaró que uno de ellos pronto le traicionaría y que Pedro pronto le negaría. El ambiente se enrarecía por momentos. Jesús tomó el pan y lo partió, compartiendo que Su cuerpo también sería partido por ellos y por nosotros. Mientras tomaba la copa, que significaba la sangre que derramaría por la salvación de los pecados, Judas se marchó para conspirar con el Sanedrín contra Él.

Más que una conversación familiar durante la cena, las palabras de Jesús le invitaron a un espacio sagrado. Jesús abrió su corazón y les dijo que se amaran los unos a los otros como Él los amaba. Intentó prepararlos para el futuro con la promesa de paz, como hace con nosotros. Sólo podemos imaginar lo que debió de ser para los apóstoles sentarse frente a Jesús. Sin embargo, a menudo nos reconocemos en sus respuestas. Nublados por la confusión y la incertidumbre, fueron incapaces de procesar con precisión todo lo que Jesús les contó. Él discernió sus corazones inquietos, y ve los nuestros.

En Juan 14:1-4 Jesús les dijo: "No se angustien. Confíen en Dios y confíen también en mí. En el hogar de mi Padre hay muchas viviendas. Si no fuera así, ¿les habría dicho yo a ustedes que voy a prepararles un lugar allí? Y si me voy y se lo preparo, vendré para llevármelos conmigo. Así ustedes estarán donde yo esté. Ustedes ya conocen el camino para ir adonde yo voy".

Tomás no pudo soportarlo más. Lo había dejado todo para seguir a Jesús. La idea de separarse de Jesús sin saber cómo encontrarle era más de lo que podía soportar. Los versículos 5 y 6 continúan: "Tomás le dijo: 'Señor, no sabemos adónde vas, ¿cómo podemos conocer el camino?' Jesús contestó: 'Yo soy el camino, la verdad y la vida. Nadie viene al Padre sino por mí'".

En el encuentro anterior, se hizo imperativo para Tomás seguir la dirección que Jesús había elegido. Una vez reconciliado con el costo de su compromiso, se dirigió a los apóstoles con firme convicción. En este encuentro, Tomás volvió a pasar a primer plano, pero esta vez se dirigió a Jesús. Su sincera búsqueda de respuestas cortó el silencio de los demás apóstoles. Decidido no sólo a conocer el *lugar al que* Jesús pretendía ir, sino también el *camino para llegar allí*, la desesperación llevó a Tomás a indagar más. Con valentía, le hizo dos preguntas cruciales cuya respuesta todos necesitamos conocer hoy:

- ¿Dónde va Jesús?
- ¿Cómo puedo saber el camino para llegar allí?

A Jesús nunca le asustan las preguntas difíciles. Mientras exploramos Su respuesta, abordaremos *el lugar* en este capítulo y examinaremos *el camino* en el siguiente.

¿Problemas o confianza?

Sensible a las necesidades de sus seguidores más cercanos, Jesús aprovechó este momento íntimo para consolar sus corazones ansiosos. Con compasión, los animó: "No se angustien. Confíen en Dios y confíen también en mí" (Juan 14:1). Sabía que, en los días siguientes, los apóstoles vivirían con Él los momentos más traumáticos de su vida. Necesitaban el consuelo de la promesa del cielo para soportar la pérdida de Su presencia en la tierra. Su fe sería puesta a prueba... su valor cuestionado... y sólo se mantendrían firmes si creían plenamente en Él.

Jesús nunca esboza un problema sin una promesa. Nunca nos da una orden sin la capacidad y los criterios para obedecerla. Podemos elegir personalizar Sus promesas. Jesús nos invita a poner nuestro nombre al principio del capítulo 14 de Juan. "______, no se turbe tu corazón; pon tu confianza en Mí". Él nos conoce y quiere una relación honesta y auténtica con nosotros. En Juan 16:33, Jesús hace otra promesa: "En este mundo afrontarán aflicciones, pero ¡anímense! Yo he vencido al mundo". *Tendremos* problemas, pero no tenemos por qué *atribularnos*. Una es una indicación de lo que nos rodea; la otra es una indicación de lo que hay dentro de nosotros.

La nuestra es una vida finita en un mundo caído. El sufrimiento no debería sorprendernos; debería refinarnos.

Nosotros elegimos si caminamos por la vida atribulados o confiados. Este no es nuestro destino permanente; fuimos creados para la eternidad con Jesús. Billy Graham dijo: "Mi hogar está en el Cielo. Sólo estoy viajando por este mundo".[2] La eternidad está prometida para todos nosotros; la cuestión es dónde la pasaremos. La "casa del Padre" es para todos los que ponen su fe en Jesucristo. Al igual que los apóstoles, nuestros corazones se afianzan en esa promesa cuando ponemos nuestra esperanza en las cosas de arriba. Y aunque no podemos imaginarlo del todo, las Escrituras describen el lugar al que los hijos de Dios llamarán un día hogar: el cielo.

La casa de mi padre

Sigamos en el capítulo 14:2-4 de Juan: "En el hogar de mi Padre hay muchas viviendas. Si no fuera así, ¿les habría dicho yo a ustedes que voy a prepararles un lugar allí? Y si me voy y se lo preparo, vendré para llevármelos conmigo. Así ustedes estarán donde yo esté. Ustedes ya conocen el camino para ir adonde yo voy".

La mayoría de nosotros hemos tropezado alguna vez con ese momento incómodo en el que algo parecía tan claro para otra persona, pero tan confuso para nosotros. A veces nos limitamos a seguirle la corriente, demasiado avergonzados para decir que no tenemos ni idea. Otras veces, tenemos que obtener claridad para seguir adelante, así que no nos queda más remedio que hablar. Tomás se encontró en semejante enigma, ajeno a lo que Jesús declaró como obvio: "Tú sabes... el lugar adonde voy".

Tomémonos un momento y normalicemos lo que a menudo sentimos como una experiencia aislada: leemos la Biblia y no siempre entendemos lo que significa. No es el momento de sonreír avergonzados y fingir que somos buenos cuando no lo somos. No tenemos por qué dejar que la vergüenza complique la confusión. Podemos aprovechar la riqueza de los recursos en línea, la sabiduría de creyentes experimentados y, sobre todo, la ayuda del Espíritu Santo para desentrañar y aplicar la verdad de la Palabra de Dios. Es evidente en este y otros pasajes que ninguno de los apóstoles comprendió la misión de Jesús, incluyendo su muerte y resurrección. *Ninguno de ellos* conocía el camino, pero sólo Tomás tuvo el valor suficiente para hablar. Como presionó a Jesús para que le diera más información, todos recibieron una revelación mayor. Esta vez, no preguntó por la dirección, sino por el lugar: "No sabemos adónde vas" (Juan 14:5).

Las Escrituras a lo largo del Nuevo Testamento describen la casa del Padre como el paraíso o el cielo. Nuestro punto de referencia del hogar puede afectar a nuestra comprensión de la casa del Padre. Para algunos de nosotros, el hogar evoca el aroma de las galletas de chocolate recién horneadas... la cacofonía de voces reunidas en torno a la pasta fresca en la mesa... la forma en que la pelota golpeaba nuestro guante cuando nuestro padre jugaba a atraparla con nosotros en el patio delantero. Para otros, el hogar no era un lugar seguro. Representaba el sonido de voces alzadas en discusiones acaloradas... las secuelas astilladas de un divorcio doloroso... los recuerdos atormentadores de abusos. Dios nunca quiso nada de esto para nosotros. Él quiere que sepamos que somos plenamente conocidos y amados por Él.

Ningún hogar es perfecto. Tanto si nuestro hogar de origen representaba un entorno sano como si estaba plagado de angustias, todos anhelamos un lugar seguro, confortable y reconfortante. El hogar de Jesús, la casa del Padre, no se parece a ningún hogar que hayamos conocido. En Génesis leemos el relato de la creación, y todo lo que Dios creó "era bueno". El lugar que Jesús nos está preparando va mucho más allá de nuestra comprensión, porque es la perfección final que tan desesperadamente anhelamos aquí en la tierra.

Jesús añadió que había muchas habitaciones, para aliviar cualquier preocupación de que pudiera llenarse antes de que llegaran. Angela dice: "Al crecer, nuestra casa familiar se llenó hasta los topes en muchas ocasiones para reuniones del ministerio, encuentros universitarios y más noches de música de las que podemos contar. Los recuerdos no tienen precio. Mis padres viven ahora en otra casa, pero siguen acogiendo a la siguiente generación de nietos y amigos. A miles de kilómetros de distancia, mi esposo y yo practicamos la hospitalidad que aprendimos de nuestros padres. Ya sea en la casa de mi infancia o en nuestros hogares actuales, un constante permanece: aunque sobrepasemos los límites de nuestra capacidad, en algún momento, la casa está llena".

Jesús nos da la buena noticia: el cielo no tiene poco espacio. Ofrece vacantes ilimitadas, y es un lugar preparado para *ti*. El cielo es un lugar personalizado, hecho a medida para cada persona que cree en la muerte y resurrección de Jesús y que pone su fe en Él.

¿Quién está en el Cielo? De principio a fin, la Biblia es una historia de amor sobre la relación que Dios quiere tener con nosotros. Cuando el pecado interrumpió la comunión que Dios tenía con Adán y Eva en el jardín, la vergüenza y la destrucción entraron en la ecuación. Dios ofreció un sacrificio en el jardín, y ofreció a su Hijo, Jesús, como sacrificio expiatorio por nuestro pecado. Fuimos creados para la perfección, pero no la tendremos de este lado de la eternidad. El cielo es la restauración completa de todo lo que se arruinó por la caída.

Jesús dio el libro del Apocalipsis al apóstol Juan para mostrar lo que está por venir en la tierra y lo que nos espera en el cielo. No hay miedo, ni enfermedad, ni dolor, ni lágrimas. Es un lugar de amor, alegría y paz, lleno de la presencia de Dios y de su pueblo. Juan nos dice que Jesús está sentado a la derecha del Padre, recibiendo gloria como el Cordero en el trono. El cielo está marcado por Su presencia. Juan nos da una visión del cielo en Apocalipsis 7:9-10:

> Después de esto miré y apareció una multitud tomada de todas las naciones, tribus, pueblos y lenguas; era tan grande que nadie podía contarla. Estaban de pie delante del trono y

del Cordero, vestidos de ropas blancas y con ramas de palma en la mano. Proclamaban a gran voz:
"¡La salvación viene de nuestro Dios
que está sentado en el trono
y del Cordero!".

Si esa escena te suena familiar, debería. Ya no se trata de la procesión terrenal de la que Tomás fue testigo cuando caminaba por las polvorientas calles de la antigua Jerusalén. Se trata del Rey Jesús, el Cordero de la Pascua, inmolado de una vez por todas para la redención de la humanidad. Juan continúa en el versículo 17,

"Porque el Cordero que está en el trono los
gobernará
    y los guiará a fuentes de agua viva,
y Dios enjugará toda lágrima de sus ojos".

Jesús habló extensamente sobre cómo es el reino de Dios y quién lo heredará. Apocalipsis 21:7 dice: "El que salga vencedor heredará todo esto y yo seré su Dios y él será mi hijo." Los perdonados están en el cielo; Jesús aclaró que los que le aman obedecen sus mandamientos. Dios quiere que todos lo hereden, pero la elección de recibir nuestra herencia es nuestra. El apóstol Pablo escribe que el cielo es una recompensa para los que son fieles y una corona de justicia para los que permanecen fuertes hasta el final. Jesús nos dice que debemos negarnos a nosotros mismos, tomar nuestra cruz y seguirle. Negarnos a nosotros mismos significa depender de la gracia de Dios para que nos permita rechazar las formas en que lo desobedeceríamos a Él y a Su Palabra. Cuando abrazamos la rendición, Dios nos da la resistencia para llevar nuestra cruz. Amigo, esto no es fácil. Necesitamos el recordatorio constante del cielo.

Todas las cosas son nuevas en el cielo. En el capítulo 21 del Apocalipsis, Juan nos muestra un cielo y una tierra nuevos.

Nuestros cuerpos temporales son terrenales y morirán, pero tendremos un cuerpo nuevo para la eternidad. El apóstol Pablo comparte una visión de nuestro cuerpo eterno en 1 Corintios capítulo 15:51-52, 54-55:

> No todos moriremos, pero todos seremos transformados, en un instante, en un abrir y cerrar de ojos, al toque final de la trompeta. Pues sonará la trompeta y los muertos resucitarán con un cuerpo incorruptible, y nosotros seremos transformados. Cuando lo corruptible se revista de lo incorruptible y lo mortal, de inmortalidad, entonces se cumplirá lo que está escrito: "La muerte ha sido devorada por la victoria". ¿Dónde está, oh muerte, tu victoria? ¿Dónde, oh muerte, está tu aguijón?

Cuando aceptamos a Jesucristo como nuestro Señor y Salvador, no necesitamos temer a la muerte ni a lo desconocido. A. W. Tozer dijo: "Si Dios nos quita el viejo, arrugado y destartalado billete de un dólar al que nos hemos aferrado tan desesperadamente, es sólo porque quiere cambiarlo por toda la Casa de la Moneda, por todo el tesoro. Nos está diciendo: 'Tengo reservados para ti todos los recursos del cielo. Sírvanse ustedes mismos'"[3]

¿Quién no está en el Cielo? Las Escrituras también hablan de la alternativa al cielo: la eternidad en el infierno. No se trata de una alegoría. El infierno es un lugar literal. Jesús habló varias veces sobre el infierno, advirtiendo a Sus seguidores entonces y ahora. Dijo esto en Mateo 13:41-42: "El Hijo del Hombre [Jesús] enviará a sus ángeles, y arrancarán de su reino todo lo que pecan y hacen pecar. Los arrojarán al horno encendido, donde habrá llanto y crujir de dientes".

Dios nunca quiso el infierno para nosotros. Lo creó para Lucifer (Satanás) y sus demonios que se rebelaron contra Dios. La Biblia dice que el infierno es un lugar de tormento eterno y arrepentimiento implacable. Si elegimos rebelarnos contra Dios y rechazar la salvación a través de Jesucristo, elegimos el infierno como nuestro destino eterno. En el capítulo 21:8 de Apocalipsis,

Juan dice: "Pero los cobardes, los incrédulos, los abominables, los asesinos, los que cometen inmoralidades sexualmente, los que practican artes mágicas, los idólatras y todos los mentirosos recibirán como herencia lago de fuego de azufre. Esta es la muerte segunda".

El pecado nos separa de Dios y sin nuestra aceptación del sacrificio expiatorio de Su Hijo, nuestro pecado nos enviará al infierno. Dios no quiere que nadie perezca. Apocalipsis 21:27 continúa: "Nunca entrará en ella nada impuro, ni nadie que haga lo vergonzoso o engañoso, sino sólo aquellos cuyos nombres están escritos en el libro de la vida del Cordero."

La apologista cristiana Alisa Childers escribe esto sobre el infierno en su convincente libro, *¿Otro Evangelio? Una cristiana de toda la vida busca la verdad en respuesta al cristianismo progresista*: "Vivimos en una cultura en la que se considera arrogante e incluso odioso hacer afirmaciones dogmáticas sobre la realidad. Pero si creemos que la Biblia es verdad—si seguimos a nuestro Señor Jesús—debemos afirmar esto junto a Él: El cielo es real. El infierno es real. Y un día, la puerta se cerrará".[4]

¿Qué aspecto tiene el Cielo? La imagen más clara que tenemos está en el capítulo 21:11-12, 18-19, 21-26 del Apocalipsis. Juan dice:

Resplandecía con la gloria de Dios y su brillo era como el de una piedra preciosa, semejante a una piedra de jaspe transparente. Tenía una muralla grande y alta, y doce puertas custodiadas por doce ángeles en las que estaban escritos los nombres de las doce tribus de Israel. La muralla estaba hecha de jaspe y la ciudad era de oro puro, semejante a cristal pulido. Los cimientos de la muralla de la ciudad estaban decorados con toda clase de piedras preciosas: el primero con jaspe, el segundo con zafiro, el tercero con ágata, el cuarto con esmeralda. Las doce puertas eran doce perlas y cada puerta estaba hecha de una sola perla. La calle principal de la ciudad era de oro puro, como cristal transparente. No vi ningún templo en la ciudad, porque el Señor Dios Todopoderoso y el Cordero son su templo. La ciudad no necesita ni sol ni luna que la alumbren, porque la gloria de Dios la ilumina y el Cordero es su lumbrera. Las naciones caminarán a la luz de la ciudad, y los reyes de la tierra le entregarán sus espléndidas riquezas. Sus puertas estarán abiertas todo el día, pues allí no habrá noche. Y llevarán a ella todas las riquezas y el honor de las naciones.

No basta con saber que el cielo existe, ni siquiera con saber dónde está. Debemos conocer el camino para llegar a él. Jesús quiso que su última conversación con sus apóstoles les indicara el camino hacia el cielo. La respuesta que Jesús dio a Tomás es la respuesta crítica que nos da a nosotros: **"Yo soy el camino, la verdad y la vida. Nadie viene al Padre si no es por mí"** (Juan 14:6). Esa es la invitación definitiva a acercarnos, no importa lo que intente alejarnos.

Mientras avanzamos y exploramos todo lo que eso significa, dejemos que las palabras del último capítulo del Apocalipsis (22:3-5) traigan el consuelo que nuestras almas anhelan en estos tiempos inciertos:

> Ya no habrá maldición. El trono de Dios y del Cordero estará en la ciudad, y sus siervos lo adorarán. Lo verán cara a cara, y llevarán su nombre estará en la frente. Ya no habrá noche. No necesitarán la luz de una lámpara ni de sol, porque el Señor Dios los alumbrará. Y reinarán por los siglos de los siglos.

De cerca con Angela

No soy una persona madrugadora. Levantarme de la cama cuando todavía está oscuro es un pequeño milagro. Sin embargo, en 2008, durante una conferencia de mujeres en Phoenix (Arizona), me sentí muy motivada para poner el despertador a las 4 de la mañana. La noche anterior, vi un folleto en el vestíbulo del hotel en el que se anunciaba una magnífica experiencia en el desierto de Sonora. No pude resistirme a la oportunidad de hacer algo con lo que había soñado durante dos décadas. Con el aliciente del café recién hecho y la promesa de una aventura, conseguí convencer a una querida amiga para que me acompañara. Dejando a un lado la prudencia y el sentido común, nos dirigimos a disfrutar de un emocionante viaje en globo aerostático.

Llegamos al lugar de despegue y descubrimos nuestro globo de colores brillantes extendido sobre el suelo del desierto. Después de darnos algunos consejos de seguridad, nuestros guías empezaron a inflarlo utilizando grandes tanques llenos de propano. Tengo que admitir que en ese momento me pregunté si una fina lámina de nailon, llamas de fuego y una pequeña cesta de mimbre eran una buena combinación, sobre todo teniendo en cuenta que pronto sería mi medio de transporte. "Sólo se vive una vez", pensé. Pasé torpemente la pierna por encima del borde y me subí.

Despegamos y levantamos el vuelo, impulsados únicamente por el fuego y el viento. Al cabo de unos instantes, el cielo de Arizona se llenó de tonos dorados y rojizos cuando el sol irrumpió majestuosamente sobre la cresta de la montaña. Hacía mucho tiempo que no veía un amanecer. *Demasiado* tiempo. Bajo la dirección de nuestro intrépido piloto, comenzamos a ascender de forma constante hasta los tres mil metros de altitud, hasta que nos elevamos al aire libre. Todo parecía diferente. Me *sentía* diferente. Respiré hondo, consciente del silencio y la serenidad que había echado de menos en tierra. Volando por encima de los cactus y las circunstancias, recibí un regalo inesperado: una perspectiva transformada.

En el capítulo 4 del Apocalipsis, encontramos a Juan, el discípulo amado de Jesús y autor del libro del Apocalipsis, en la isla de Patmos. Exiliado en un estado de encarcelamiento, literalmente no tenía a dónde ir sino hacia arriba. En una isla de aislamiento, Jesús le extendió una invitación: "Sube más arriba". Juan experimentó la majestuosidad del cielo y la maravilla de la adoración.

"Después de esto miré, y allí en el cielo había una puerta abierta. Y la voz que me había hablado antes con sonido como de trompeta me dijo: 'Sube acá, voy a mostrarte lo que tiene que suceder después de esto'" (Apocalipsis 4:1).

Limitado por su entorno, Juan experimentó la presencia ilimitada de Dios. También nosotros estamos invitados a subir más alto, a cruzar la puerta de la adoración. Puede que te sientas aislado en una isla de circunstancias. Tal vez te parezca que no hay otro lugar adónde ir que hacia arriba. Cuando recibimos una nueva revelación de quién es Dios, recibimos el don de la perspectiva. Si el miedo a las alturas, o simplemente la cordura, tachan un paseo en globo aerostático de tu lista, no te preocupes. Simplemente toma la mano de Jesús y "sube más alto".

De cerca con Hubert

De joven, quería estar seguro de que iría al cielo si moría en ese momento. Puse mi confianza en lo que Jesús hizo en la cruz, confiando en que todo lo que necesitaba era que Él ocupara mi lugar y dejara que Su sangre fuera derramada para salvarme del infierno y llevarme al cielo. Sigue siendo la mayor historia de amor sacrificial que he escuchado, y nunca me canso de hablar de Su amor a los demás.

A lo largo de los años, muchas familias me han pedido que predique en los funerales de sus seres queridos. Ha sido uno de mis mayores privilegios. Cuando su ser querido moría como cristiano, he tratado de darles un consuelo maravilloso con la escritura que dice: "queriendo más bien estar ausente del cuerpo, y estar presente con el Señor" (2 Corintios 5:8 RV60). Estar presente con el Señor significa estar en el cielo. Es una bendición recordarles que no estamos enterrando a su ser querido, sino sólo enterrando el cuerpo, la casa en la que vivía. Independientemente de las circunstancias que rodean la muerte de una persona, doy la bienvenida a cada oportunidad de señalar a la gente a Jesús.

El cielo sigue siendo uno de los temas más importantes para mí. Jesucristo es mi Salvador, y Él prometió en las Escrituras recibirme cuando muera. Es emocionante pensar en lo que sucederá cuando llegue al cielo. Será impresionante. Me encantará participar en los maravillosos cantos que tendrán lugar alrededor del trono de Dios, ofreciendo mi adoración y gratitud por todo lo que Jesús ha hecho para que yo pueda estar allí. No puedo expresar lo que sentiré al mirar el rostro de Jesús. Cuando la gente le miraba en la tierra, sus ojos y su aspecto no les asustaban. Aunque poseía el poder de la vida y de la muerte, seguía siendo amable con la gente. Él será accesible en el cielo. Allí tendremos mucho tiempo para acercarnos y hablar con Él.

Me encantará oír a seres majestuosos gritar "Santo, santo, santo" (Apocalipsis 4:8) al Señor Dios Todopoderoso, Padre, Hijo y Espíritu Santo. Será asombroso ver multitudes de ángeles reunidos admirados por lo que Jesús ha hecho por nosotros, los cristianos. Qué maravilla será ver a los millones y millones de personas que confiaron en Jesús para vida eterna mientras se reúnen y presionan hacia el trono de Dios.

Estoy impaciente por volver a ver a mamá y papá y a muchos otros parientes. Es difícil imaginar la gran reunión que tendremos, todo porque Jesús nos amó tanto. ¡Será grandioso! Estaré siempre agradecido de que mi esposa se uniera a mí en nuestra postura por Cristo en nuestros años universitarios. Ella vio como yo adoraba al Señor Jesús, y me escogió para ser su esposo. Estoy tan contento de haber servido a Jesús y haber mostrado ese ejemplo a mis hijos y nietos.

Servir a Jesús en la tierra es la preparación para servirle en el cielo. Confiar en Él para que guíe mis pasos ha sido emocionante y gratificante. No lo cambiaría por nada. Me encanta lo que Jesús dijo sobre mis donaciones financieras a la obra de Su reino en la tierra. Él dijo, como resultado, tengo tesoros guardados en el cielo. Será interesante ver esos tesoros.

Me animan mucho las palabras del apóstol Pablo que se encuentran en 2 Timoteo capítulo 4:8: "Por lo demás me espera la corona de justicia que el Señor, el Juez justo, me otorgará en aquel día; y no solo a mí, sino también a todos los que con amor hayan esperado su venida." No sabemos cómo será, pero se darán coronas. Leemos en Apocalipsis 3:11: "Aférrate a lo que tienes, para que nadie te quite la corona".

Que ningún pensamiento, palabra u obra rebelde te aparte de la obediencia al Salvador. Sé fiel a seguir a Jesús y recibe la corona que el Señor tendrá para ti. Y aunque no llegue a conocerte en esta vida, un día quiero verte en el cielo.

Acércate

Enseñanza aprendida

En el hogar de mi Padre hay muchas viviendas. ... Y si me voy y se lo preparo. (Juan 14:2-3)

1. Jesús habló extensamente sobre cómo es el reino de Dios y quién lo heredará. Todas las cosas son nuevas en el cielo.

    ¿Quién y qué hay en el cielo?

2. Las Escrituras también hablan de la alternativa al cielo: la eternidad en el infierno. No se trata de una alegoría. El infierno es un lugar literal.

    ¿Quién no está en el cielo?

3. ¿Es de extrañar que Jesús quisiera que su última conversación con sus apóstoles les señalara el cielo?

    ¿Qué tan fuerte es tu deseo de ir al cielo?

    Mi oración en mis propias palabras. . .

El camino

Nuestra familia viajó a casi los cincuenta estados, incluyendo un viaje de un verano por Alaska y la costa oeste. Eso sí, esto ocurrió antes de que se inventaran los dispositivos GPS y Siri para guiarnos sin esfuerzo en nuestros viajes por carretera. Angela recuerda: "Tanto si nos adentrábamos en las desgarradoras curvas del territorio del Yukón como si atravesábamos las estrechas y abarrotadas calles de Nueva York, una cosa era constante: lo hacíamos todo con un buen mapa a la antigua usanza. Al día de hoy, no sé cómo lo hacían mis padres".

Una cosa es saber adónde te diriges y otra muy distinta saber cómo llegar. Tomás se inclinó y escuchó atentamente mientras Jesús respondía a la primera parte de su pregunta: "Jesús, ¿adónde vas?" Tomás había oído decir a Jesús: "vendré para llevármelos conmigo. Así ustedes estarán donde yo esté." (Juan 14:3). Tal vez comprendió todas las ramificaciones de estas palabras: un Jesús inmortal volvería un día y nos llevaría a vivir con Él para siempre. Tomás procesó la revelación de que Jesús, el Hijo de Dios, le había preparado un hogar literal, magnífico y eterno en el cielo.

Tomás no sólo necesitaba conocer el destino, sino también el camino para llegar a él. Tomás respondió: "Señor, no sabemos adónde vas, así que ¿cómo podemos conocer el camino?" (Juan 14:5). La respuesta que se encuentra en Juan 14:6 cambiaría para siempre las cosas para Tomás, y para nosotros: "**Yo soy el camino, la verdad y la vida. Nadie llega al Padre si no por mí**". El propósito del Evangelio de Juan se afirma en el capítulo 20:31: "Pero estas [palabras] se han escrito para que ustedes crean que Jesús es el Cristo, el Hijo de Dios," Jesús no sólo *conoce* el camino, Él *es* el camino. Él no sólo tiene un mapa; Él *es* el mapa. Él es el YO SOY.

La declaración central de Jesús, "Yo soy el camino y la verdad y la vida", es una de las siete declaraciones YO *SOY* del libro de Juan. En un artículo titulado "Las 7 declaraciones 'YO SOY' de Jesús: Antecedentes del Antiguo Testamento y significado del Nuevo Testamento", Dustin Crowe escribe:

> Cuando Dios se llama a sí mismo el "YO SOY" en Éxodo 3, es un momento crucial en la historia de la redención. Dios se revela a su pueblo (Israel) y viene a redimirlo del exilio (en Egipto) y a conducirlo a una nueva vida. El nombre de Dios revela quién es y cómo es. Él es el "Yo Soy", el eterno, inmutable, auto existente, infinito y glorioso en todos los sentidos, y por encima y más allá de todas las cosas creadas. Él es Dios. Cuando Jesús se aplica a sí mismo el título "YO SOY", afirma ser Dios; no un ayudante de Dios o un gran maestro, sino el Ser divino, eterno, preexistente, infinito y perfecto. Él es el Dios de Israel. Es mucho más grande que Moisés porque es el Dios de Moisés. Tiene vida en sí mismo y puede darnos vida a nosotros. Los judíos sabían que asumir este título era hacer tal afirmación, razón por la cual inmediatamente levantaron piedras para matarlo. (Juan 8:59)[1]

YO SOY es la afirmación de que Jesús es Dios. Estas siete afirmaciones confirman Su divinidad. Tomás y los apóstoles estuvieron con Jesús las siete veces que se proclamó como el YO SOY.

- **Yo soy el Pan de Vida**
  "Entonces Jesús declaró: 'Yo soy el pan de vida. El que a mí viene nunca pasará hambre, y el que en mí cree

nunca más volverá a tener sed" (Juan 6:35). Este pan es más que una provisión para el hambre física. Es un suministro ilimitado de sustento sobrenatural. Jesús es representado a lo largo de la Escritura como pan y agua. Lo vemos como la provisión milagrosa de maná en el desierto para los israelitas. Aprendemos de Él como el pan de la proposición en el Tabernáculo, el lugar original de adoración. Lo encontramos como el pan celebrado en la Pascua, representante de Su cuerpo, partido para la salvación de la humanidad. Lo conocemos como el agua que brotó de una roca en el desierto con Moisés y el agua viva ofrecida a una mujer espiritualmente desnutrida en un pozo de Samaria. Él la redimió y le reveló que Él es la respuesta a *nuestra* hambre y sed espirituales. En Juan 4:14 Jesús le respondió: "El que beba del agua que yo le dé, no tendrá sed jamás. De hecho, el agua que yo les dé se convertirá en ellos en un manantial de agua que brotará hasta la vida eterna."

El punto crucial aquí es la relación. Jesús es nuestra fuente de pan y agua vivos. Así como no podemos vivir mucho tiempo sin comida o agua, no podemos vivir sin Él.

- **Yo soy la luz del mundo**

"Cuando Jesús volvió a hablar a la gente, dijo: 'Yo soy la luz del mundo. El que me sigue no andará en oscuridad, sino que tendrá la luz de la vida'" (Juan 8:12). Caminaremos de dos maneras: en la luz o en las tinieblas. Es imposible encontrar nuestro camino o guiar a otros si estamos en la oscuridad. A lo largo de las Escrituras, las tinieblas son indicativas de ceguera espiritual, comportamiento pecaminoso y juicio.

En cambio, luz se utiliza para describir la Palabra de Dios que ilumina nuestro camino en la vida. En el relato de la creación del libro del Génesis, Dios "vio que la luz era buena y separó la luz de las tinieblas" (Génesis 1:4). La luz invade las tinieblas, y las Escrituras nos dicen que las tinieblas no pueden vencerla. Filipenses 2:15 dice que los seguidores de Cristo "para que sean intachables y puros, hijos de Dios sin culpa en medio de una generación torcida y depravada. En ella ustedes brillan como estrellas en el mundo". En el cielo, no tendremos necesidad de luz porque Jesús *es* la luz. No podemos encontrar nuestro camino sin luz, y no podemos encontrar nuestro camino sin Jesús.

- **Yo soy la puerta del redil**

"Yo soy la puerta; el que entre por mí se salvará. Entrarán y saldrán y encontrarán pastos" (Juan 10:9). La puerta es la entrada para que las ovejas entren y encuentren protección o salgan y encuentren pastos. Si una oveja se queda fuera de la puerta, se convierte en presa fácil. No pueden quedarse solas sin consecuencias nefastas: deben tener un pastor. La puerta era el único camino de entrada y salida para las ovejas. Sin embargo, dentro de la puerta están a salvo bajo el cuidado de un pastor atento. Jesús no sólo guarda la entrada y protege a sus seguidores, sino que Él *es* la puerta, la única entrada al cielo. No podemos entrar en el reino de Dios sin pasar por Jesús, la puerta.

- **Yo soy el Buen Pastor**

"Yo soy el buen pastor; conozco a mis ovejas y ellas me conocen a mí, así como el Padre me conoce y yo conozco, y doy mi vida por las ovejas" (Juan 10:14-15). Un pastor se ponía delante de la puerta del corral para guardar a las ovejas. Incluso hoy, un pastor buscará y buscará a una oveja que se separe del grupo. Jesús se llamó a sí mismo el Buen Pastor que deja a las noventa y nueve para encontrar a la que se ha perdido. Dijo que sus ovejas oyen su voz. Las ovejas están perdidas sin pastor, y sólo seguirán la voz de un pastor que conocen. Si no reconocen la voz, huirán despavoridas. Jesús nos invita a permanecer lo suficientemente cerca de Él como para conocerle, obedecerle y permanecer bajo su cuidado. En el Salmo 23:2-3 (RV) David llamó a Dios su Pastor, que "en verdes pastos me hace descansar. Me guía por sendas de justicia haciendo honor a su nombre". Como nuestro Pastor, Jesús nos ama, nos protege, nos rescata y quiere tener una relación con nosotros. No podemos tener guía y protección sin Jesús el Pastor.

- **Yo soy la Resurrección y la Vida**
  "Entonces Jesús dijo: Yo soy la resurrección y la vida; el que cree en mí vivirá, aunque muera" (Juan 11:25). Como hemos visto anteriormente, Jesús le dijo estas palabras a Marta. Jesús quería que María y Marta confiaran en Él para la respuesta a cada necesidad. Jesús demostró ser victorioso sobre la muerte al resucitar a Lázaro de entre los muertos. Jesús restaura y levanta a nueva vida las áreas de nuestras vidas que han decaído espiritual, mental, física y emocionalmente. Como seguidores de Cristo, no debemos temer a la muerte. Cuando nuestro cuerpo llega al final de su vida terrenal, Jesús está allí. No tenemos poder sobre la muerte y la tumba sin Jesús, la resurrección y la vida.

- **Yo soy el Camino, la Verdad y la Vida**
  Jesús respondió: "Yo soy el camino, la verdad y la vida. Nadie llega al Padre sino por Mí" (Juan 14:6). Jesús se apartó de todo lo que los judíos habían creído que los llevaría a Dios. Él *es* lo que buscaban y necesitaban. Él sustituyó todas las cosas anteriores, como el templo y el sistema de sacrificios, establecidos como medios temporales por los que el hombre se

relacionaba con Dios. Sólo conseguían cosas limitadas, como la limpieza ceremonial de las personas. Nunca pretendieron ser una solución a largo plazo para el pecado; todos apuntaban a Jesús. Sólo Él puede llevar a cabo nuestra salvación y redención. Él es el único que nos proporciona el camino para reconciliarnos *con* el Padre. Pero Él también proporcionó simultáneamente la revelación completa del Padre (la verdad). No hay ningún otro lugar en el que tengamos que buscar, o podamos buscar, para encontrar el verdadero camino hacia Dios. No podemos entrar en el cielo por otros medios; Jesús es el único camino.

- **Yo soy la vid verdadera**
"Yo soy la vid y ustedes son las ramas. El que permanece en mí, como yo en él, dará mucho fruto; separados de mí no pueden ustedes hacer nada" (Juan 15:5). De nuevo, vemos el tema de la relación. Nuestras vidas serán productivas para el Reino sólo cuando permanezcamos conectados a Jesús, la Vid, como nuestra fuente. Jesús llamó a Su Padre "el viñador", y a Sus seguidores los sarmientos. El apóstol Pablo, el escritor de Filipenses 4:13, dice que "todo lo puedo en Cristo que nos fortalece". Y Juan 15:5 nos recuerda que "separados de mí nada podéis hacer" de valor eterno. Cuando permanecemos en Él y Sus palabras permanecen en nosotros, cumplimos lo que Él nos llama a ser y hacer en nuestras vidas. No podemos hacerlo solos; necesitamos permanecer conectados a Jesús como nuestra fuente de vida.

El camino

Como joven judío, Tomás recibió formación religiosa, que incluía cómo los pecadores podían recibir de Dios el perdón de sus pecados. Pero sólo ofrecía una vía *temporal*. Este complejo sistema de la fe judía incluía más de seiscientas leyes, el tabernáculo en el desierto y el culto en el templo. Bajo el primer pacto del Antiguo Testamento, el derramamiento de sangre mediante sacrificios de animales proporcionaba la expiación necesaria por el pecado. Sin eso y la fe en Dios, acreditada a ellos como justicia, no podían recibir la promesa del cielo. Ahora, vivimos bajo el nuevo pacto, instituido en el Nuevo Testamento mediante la muerte y resurrección de Jesucristo.

El escritor de Hebreos 10:11-13 dice:

> Todo sacerdote celebra el culto día tras día ofreciendo repetidas veces los mismos sacrificios, que nunca pueden quitar los pecados. Pero este sacerdote, después de ofrecer por los pecados un solo sacrificio para siempre, se sentó a la derecha de Dios en espera de que sus enemigos sean puestos por estrado de sus pies.

El lugar santísimo era la cámara interior del templo judío, donde sólo el sumo sacerdote podía entrar una vez al año. El trabajo del sacerdote terrenal continuaba todo el año, nunca terminaba... *hasta Jesús*. En el momento en que murió en la cruz, un violento terremoto sacudió la tierra. El gran velo del templo que impedía la entrada al lugar santísimo se rasgó de arriba abajo: ¡se abrió el camino! Jesús se convirtió en la solución permanente para una situación humanamente imposible.

A lo largo de la historia, las civilizaciones han creado construcciones y sistemas artificiales para apaciguar a los "dioses" y obtener la entrada en el "cielo". Las religiones del mundo nos dicen que hay muchos caminos hacia el cielo: las buenas obras, infligirse dolor a uno mismo, ser una buena persona y ofrecer sacrificios a sus propios dioses. Sin embargo, ningún esfuerzo humano puede pagar nuestra deuda de pecado. Pablo escribe en Romanos 6:23: "Porque la paga del pecado es muerte, mientras que el regalo de Dios es vida eterna en Cristo Jesús, Señor nuestro." Jesús terminó la obra de redención, rescatándonos de la esclavitud del pecado al ir a la cruz y cargar con nuestros pecados. Jesús no es sólo *un* camino; Él es el *único* Camino. Aceptamos el don gratuito de la salvación cuando confesamos nuestros pecados, recibimos a Jesús como nuestro Salvador y comenzamos una nueva vida a través de la fe en Él.

No basta con oír la verdad o conocerla intelectualmente. Tomás oyó a Jesús describirse como el único que podía llevarle a él y a los apóstoles a la "casa del Padre". Pero tuvo que elegir a quién y qué iba a creer, y nosotros también. La comprensión de que estamos atrapados en la trampa del castigo del pecado y separados de Dios para siempre requiere una decisión: ¿Seremos lo bastante valientes para creer en Jesús? Él nos invita a poner nuestra confianza sólo en Él para salvarnos y llevarnos al cielo. Tomás recibió a Jesús como algo más que un guía que le indicaba el camino a seguir. Creyó que Jesús era el Hijo de Dios, el Camino, la Verdad y la Vida.

La segunda pregunta de Tomás en Juan 14:5, mucho más que una búsqueda intelectual, significaba una súplica desesperada de un devoto seguidor: "¿Cómo podemos saber el camino?" Parecía estar diciendo: "Por favor, no nos dejes aquí sin una explicación de adónde vas y cómo llegar. No sé cómo vivir sin que estés aquí con nosotros. No siento que pueda seguir adelante sin ti aquí". Su simple pregunta era toda la invitación que Jesús necesitaba. Más que dispuesto, respondió con gusto.

Miles de años después, ésta sigue siendo una de las preguntas más importantes que jamás necesitaremos respuesta: "¿Cómo podemos conocer el camino al Cielo?" Tenemos que entender lo que Jesús quiere decir en Juan 14:6 cuando dice: "Yo soy el Camino". Él no nos da una lista de cosas que hacer para entrar en el cielo: amar a tu cónyuge, dar el 10 por ciento de tus ingresos, ser amable. Aunque estas cosas son un reflejo de una vida comprometida con la fe, no son un billete de entrada al cielo. No funciona así. ¿Cómo funciona? Jesús dice simplemente: "Yo soy el camino, la verdad y la vida. Nadie llega al Padre si no por mí" (Juan 14:6).

Muchos en la cultura moderna sostienen la opinión de que todos en la tierra son hijos de Dios; por lo tanto, todos reciben el cielo. Pero eso no es bíblicamente exacto. Hay una diferencia entre ser *creado a imagen de Dios* y ser hijo *de Dios*. Juan 1:12 dice: "Mas a cuantos lo recibieron, a los que creen en su nombre, les dio el derecho de ser hechos hijos de Dios". Nos convertimos en hijos de Dios cuando creemos en Jesús y lo recibimos como Aquel que murió y tomó sobre sí nuestro juicio por el pecado. El cielo es la herencia prometida para los hijos de Dios.

La verdad

Jesús reveló a Tomás algo más que "Yo soy el camino". Su compleja respuesta incluyó: "Yo soy la verdad" (Juan 14:6). En Colosenses 2:9 Pablo comparte estas palabras: "Porque toda la plenitud de la divinidad habita en forma corporal en Cristo". Como segunda persona de la Trinidad, Jesús es coigual y coexistente con el Padre. Jesús dijo a los apóstoles que Él y Dios Padre son Uno, y que conocerle a Él es conocer al Padre.

El Dr. Gene A. Getz, autor de *The Apostles: Becoming Unified Through Diversity (Men of Character)*, dice lo siguiente sobre la declaración de Jesús: "Yo soy el camino, la verdad y la vida":

> Ésta es una de las afirmaciones más poderosas del Nuevo Testamento. Durante siglos, hombres y mujeres han querido saber cómo entrar en contacto con lo sobrenatural. La esencia de todo el mensaje de Jesús era que Él era Dios en forma humana, y que había venido a este mundo para hacer posible este contacto divino, para proporcionar a las personas la vida eterna. Él era el Camino. Los filósofos también se han pasado la vida intentando determinar qué es realmente cierto. Jesús afirmaba ser —y es— la encarnación perfecta de la verdad. En este punto, Él se estaba contrastando definitivamente con Satanás, "quien fue un asesino desde el principio, no aferrándose a la verdad".[2]

El estudio de la verdad bíblica es fascinante. El apóstol Juan, bajo la inspiración del Espíritu Santo, escribió esto en el capítulo 1:14: "Y el Verbo se hizo hombre y habitó entre nosotros. Y contemplamos su gloria, la gloria que corresponde al Hijo único del Padre, lleno de gracia y de verdad." Jesús estaba lleno de verdad, la revelación transparente de Dios. En Él, no hay nada engañoso ni falso. Juan 1:17 dice: "pues la Ley fue dada por medio de Moisés, mientras que la gracia y la verdad nos han llegado por medio de Jesucristo". Jesús no es una interpretación subjetiva de la verdad; Él es *la verdad*. Él es el estándar objetivo por el cual toda otra "verdad" debe ser medida.

En "De cerca con Ángela", al final de este capítulo, compartimos fragmentos de una fascinante conversación entre Ángela y el Dr. George Barna. En su asombrosa nueva investigación, las estadísticas muestran que la mayoría de los estadounidenses determinan lo que creen interpretando el mundo a través del filtro de sus sentimientos y experiencias en lugar de a través de la Biblia. La idea de *decir mi verdad* es errónea porque "nuestra verdad" es subjetiva, basada en nuestras percepciones, comprensión limitada y sesgo cognitivo. Tenemos una norma absoluta para la verdad: la Biblia y la persona de Jesucristo. La verdad no es relativa. **Si "nuestra verdad" contradice la verdad, no es verdad.** Debemos confrontar y desafiar cualquier falsa creencia que podamos tener. También debemos resistir las mentiras de Satanás que se oponen a la verdad de la Palabra de Dios. Juan 8:32 dice: "y conocerán la verdad, y la verdad los hará libres". La verdad, en la persona de Jesucristo, nos hace libres del engaño y libres del Engañador.

El Espíritu de la Verdad

Tomás y los demás apóstoles luchaban con la idea de que se quedarían solos sin la presencia física de Jesús. Jesús trató de aliviar su preocupación enseñándoles acerca del Espíritu Santo, el Espíritu de la Verdad, que vendría a ellos después de Su ascensión al cielo. Juan 14:18 dice: "No os dejaré huérfanos; vendré a vosotros". Él estaría siempre con ellos—y con nosotros—en la persona del Espíritu Santo.

En Juan 14:15-17 compartió: "Si ustedes me aman, obedecerán mis mandamientos. Y yo pediré al Padre y él les dará otro Consolador para que los acompañe siempre: el Espíritu de verdad". Y continuó en los versículos 26-27: "Pero el Consolador, el Espíritu Santo, a quien el Padre enviará en mi nombre, les enseñará todas las cosas y les hará recordar todo lo que he dicho. La paz les dejo; mi paz les doy. Yo no se la doy a ustedes como la da el mundo. No se angustien ni se acobarden".

El Espíritu Santo, tercera persona de la Trinidad, nos capacita y nos da poder para vivir sin miedo. Nunca estamos solos. En Juan 16:6-7 Jesús compartió: "Al contrario, como les he dicho estas cosas, se han entristecido mucho. Pero digo la verdad: les conviene que me vaya porque, si no lo hago, el Consolador no vendrá a ustedes; en cambio, si me voy, se lo enviaré". Los versículos 13-14 dicen: "Pero cuando venga el Espíritu de la verdad, él los guiará a toda la verdad, porque no hablará por su propia cuenta, sino que dirá solo lo que oiga y les anunciará las cosas por venir. Él me glorificará porque tomará de lo mío y se lo dará a conocer a ustedes".

En el momento de la salvación, el Espíritu Santo—el Espíritu de Dios—vive dentro de nosotros. Las Escrituras nos dicen que somos el templo o la morada del Espíritu Santo. Él nos ayuda a entender y aplicar la verdad de la Palabra de Dios. Él está involucrado en los eventos diarios de nuestras vidas, dándonos la voluntad de Dios incluso cuando no sabemos que Él lo está haciendo. Hablaremos más de su papel crucial en nuestro último capítulo.

La vida

A Jesús no le bastó responder a Tomás con las palabras: "Yo soy el camino y la verdad". Con un sonoro signo de exclamación, también declaró: "Yo soy la vida". Tres de las declaraciones *YO SOY* que Jesús hizo sobre Sí mismo mencionan específicamente la vida: "Yo soy el pan de vida, yo soy la resurrección y la vida, y yo soy el camino y la verdad y la vida." ¿Por qué tanto énfasis en la vida? La intención original de Dios en la creación era que viviéramos para siempre. Sin embargo, con la caída de la humanidad vino la maldición del pecado, la decadencia y la muerte. La muerte vino a través de la obra de Satanás, mientras que la vida vino a través de la obra de Jesús. Jesús restauró lo que se había perdido en el jardín del Edén.

En 1 Juan 5:12 leemos: "El que tiene al Hijo tiene la vida; el que no tiene al Hijo de Dios no tiene la vida". Jesús es la fuente ilimitada e inagotable de nuestra vida abundante en la tierra y de nuestra vida eterna en el cielo. Tras una transformación radical, el apóstol Pablo quedó marcado por el poder de la gracia. Poseía una profunda conciencia de la vida que ahora vivía por la fe en Jesucristo. Bajo la inspiración del Espíritu Santo, Pablo escribió varios libros del Nuevo Testamento. Fíjate en cómo sus palabras nos ayudan a comprender la vida abundante que se nos ha dado por medio de Cristo:

- La promesa de vida. . .
  "Pablo, apóstol de Cristo Jesús por la voluntad de Dios, según la promesa de vida que tenemos por medio de Cristo Jesús" (2 Timoteo 1:1).

- El espíritu de la vida. . .
  "pues por medio de él la ley del Espíritu de vida te ha liberado de la ley del pecado y de la muerte" (Romanos 8:2).

- La vida alimentada por la fe. . .
  "He sido crucificado con Cristo y ya no vivo yo, sino que Cristo vive en mí. Lo que ahora vivo en el cuerpo, lo vivo por la fe en el Hijo de Dios, quien me amó y dio su vida por mí". (Gálatas 2:20).

- La vida plenamente entregada. . .
  "Porque para mí el vivir es Cristo y el morir es ganancia" (Filipenses 1:21).

- La vida venidera. . .
  "Cuando Cristo, que es la vida de ustedes, se manifieste, entonces también ustedes serán manifestados con él en gloria" (Colosenses 3:4).

En 1 Corintios 15:26 (RV60), Pablo dice: "Y el postrer enemigo que será destruido es la muerte". Jesús, victorioso sobre la tumba, canceló la maldición del pecado y de la muerte. Juan 10:10 (RV60) nos dice: "El ladrón no viene sino para hurtar, matar y destruir; yo he venido para que tengan vida, y para que la tengan en abundancia."

Es posible que Tomás se sintiera angustiado por la muerte o se preguntara cuándo se lo llevaría Jesús para estar con Él en el cielo. Tal vez pensó que sería mucho después de la muerte. No tenía las palabras de Pablo en 2 Corintios 5:8: "pero confiamos, y más quisiéramos estar ausentes del cuerpo, y presentes al Señor". No hay espacio en el tiempo entre el momento en que dejamos este cuerpo y vamos a la presencia del Señor. Vemos esto en el capítulo 23 de Lucas cuando leemos la historia de dos criminales que fueron crucificados a cada lado de Jesucristo. Uno lanzaba insultos mientras que el otro le pedía a Jesús que se acordara de él cuando llegara a Su reino. Leemos en el versículo 43 "Entonces Jesús le dijo: De cierto te digo que hoy estarás conmigo en el paraíso". Si el otro criminal también hubiera invocado a Jesús para que lo salvara, él también habría heredado la vida eterna.

Fuimos creados para la eternidad; sólo es cuestión de *dónde* la pasaremos. Cuando ponemos nuestra fe en Jesucristo, la muerte no es el final; es el comienzo de la eternidad en el cielo. Él nos dice: "Cuando tu cuerpo ya no pueda cuidarte, yo cuidaré de ti ahora". Dios no estaba dispuesto a dejarnos en una condición indefensa y sin esperanza. A través de Jesús, todo lo que ahora está roto, un día será reparado. Tenemos la promesa cierta del cielo en este lugar incierto llamado tierra. En un mundo profundamente fracturado por el pecado y el dolor, tenemos la esperanza de la vida eterna.

El camino a casa

Cuando Tomás presionó a Jesús para que le diera las respuestas que necesitaba desesperadamente, no comprendió que aquella era la última conversación que tendría con Él antes de que Jesús fuera a la cruz. Aquella tarde, Tomás y los apóstoles siguieron a Jesús al huerto de Getsemaní. Sabiendo lo que le esperaba, Jesús preguntó al Padre si habría *alguna otra manera de que* la humanidad pudiera entrar en comunión con Él. Mientras oraba, gotas de sangre caían de su frente. La profunda angustia dio paso a una entrega total. "Padre, si quieres, pasa de mí esta copa; pero no se haga mi voluntad, sino la tuya" (Lucas 22:42).

Sin ninguna otra forma de salvarnos, Jesús *se convirtió en el Camino*. Nuestro último encuentro entre Tomás y Jesús revela cómo eso marca la diferencia, no sólo para un discípulo amado en su momento más oscuro de desesperación, sino para nosotros. Él es el Camino cuando nos sentimos aplastados por la injusticia de una situación. Él es el Camino cuando nos sentimos abrumados por nuestras circunstancias. Él es el Camino cuando nos sentimos heridos por la duda y golpeados por la decepción. Él es el Camino cuando no encontramos nuestro camino y no sabemos qué hacer. Él es el Camino cuando no tenemos fuerzas para intentarlo de nuevo. Él es el Camino de la vida.

No tenemos por qué atravesar solos las angustiosas curvas de la vida. Cuando somos lo bastante valientes para creer en Jesucristo, no se nos entrega un mapa de papel ni el más sofisticado sistema de navegación para atravesar la vida. Se nos da el amor de nuestro Padre Celestial, la infalible Palabra de Dios, el poder del Espíritu Santo y la promesa de que el cielo será un día nuestro hogar.

De cerca con Angela

El Dr. George Barna es llamado a menudo "la persona más citada en la Iglesia cristiana de hoy".[3] Es profesor de la Arizona Christian University y director de investigación del Cultural Research Center de la ACU. También es miembro del Townsend Institute, ha enseñado a nivel universitario y de posgrado, y ha sido pastor de dos iglesias. Fundó el Grupo Barna, una empresa de investigación que durante años marcó la pauta en la comprensión de las tendencias de la cultura estadounidense. Es autor de más de cincuenta libros, entre ellos numerosos galardonados y bestsellers *del New York Times*. Su reciente investigación, *The American Worldview Inventory,* reveló que sólo el 6% de los adultos estadounidenses poseen una cosmovisión bíblica. En el episodio 94 del podcast *Make Life Matter*, "God's Truth or My Truth" (La verdad de Dios o mi verdad), me senté con el Dr. Barna para hablar de las oportunidades que surgen de la pandemia, el enfoque de cortar y pegar que la mayoría de los estadounidenses adoptan para dar sentido a la vida, y cómo inclinarnos hacia una dependencia reflexiva de la Biblia para enmarcar nuestra visión del mundo. La visión del mundo más común podría describirse mejor como sincretismo, una colección dispar e irreconciliable de creencias y comportamientos que definen nuestras vidas.

> Todo el mundo tiene una visión del mundo. Necesitamos una visión del mundo para pasar el día. Esencialmente, es el filtro intelectual, emocional y espiritual que utilizas para experimentar, interpretar y responder al mundo. Es el filtro a través del cual tomas cada decisión que tomas—es crítico. Parte del ministerio de Jesús consistía en decir que no hay que aceptar lo que dice Roma, ni lo que dice el Sanedrín, ni lo que nadie dice que es correcto o apropiado para ti, porque, en última instancia, el Dios del universo te hizo, te ama y tiene un plan y un propósito para tu vida. Pero para cumplirlo,

tienes que pensar cuidadosamente quién eres, cómo vas a vivir y cómo vas a interactuar con todas estas otras filosofías de vida (por ejemplo. otras cosmovisiones.) El sincretismo indica que hay muchas cosmovisiones diferentes entre las que una persona puede elegir. Una cosmovisión bíblica es simplemente volver a la Biblia y averiguar cuáles son los principales principios y mandamientos e ideas contenidos en ella que Dios nos da para que podamos vivir una vida que no sólo le agrade y glorifique y honre, sino que nos permita prosperar aquí en la tierra.

Hay más de una docena de visiones del mundo a las que los estadounidenses están expuestos regularmente y de las que beben. Se agarrarán a una idea del marxismo. Luego se aferran a una idea que les gusta del humanismo secular. Luego oirán algo que propone el misticismo oriental y dirán, vaya, quiero que eso forme parte de mi visión del mundo. Y antes de que se den cuenta, tienen todas estas ideas dispares que han moldeado juntas en esta idea de "cortar y pegar". Aproximadamente 9 de cada 10 tienen esta extraña mezcla de creencias, y no cuestionamos las contradicciones. Sólo intentamos sentirnos bien con nosotros mismos y pasar el día, y si no funciona probaremos otra cosa la próxima vez. En nuestra cultura actual, no nos tomamos las visiones del mundo lo suficientemente en serio como para decir: cuando seas niño, vamos a centrarnos de forma intencionada y estratégica en desarrollar tu visión del mundo.

El medio más eficaz para facilitar la transformación en la vida de los demás es la tutoría. Alguien que es más maduro que yo se acerca a mí y me ayuda a progresar en mi camino con Cristo. Tenemos que reunir a la gente hoy y examinar la predicación y la enseñanza en la Iglesia actual. No podemos evitar lo básico. Necesitamos escuchar la verdad de Dios basada en el punto en el que nos encontramos en nuestras vidas para retarnos continuamente a ser más semejantes a Cristo.[4]

Las palabras de Jesús son claras: Él es el único Camino. Nuestra cultura sigue formulando su propia verdad y aceptando otras formas de reconciliarse con el Padre. Jesús mismo resolvió la cuestión de una vez por todas en el huerto. Si hubiera habido otro camino, Dios lo habría permitido. Sostenemos la muerte y resurrección de Jesús como una verdad no negociable de la fe cristiana. Como nuestro único Mediador, Jesús es el único Camino.

De cerca con Hubert

Cuando serví durante dos años como director de la juventud del estado de Carolina del Norte, pedí a adolescentes de varias iglesias que se ofrecieran como voluntarios y se unieran a mí en Wilson, Carolina del Norte, para una campaña de evangelización los sábados. Los jóvenes y yo nos reunimos en las instalaciones de una iglesia donde les di instrucciones sobre la forma en que nos acercaríamos a un hogar y entablaríamos una conversación. Pedimos la ayuda de Dios y fuimos casa por casa con un objetivo: hacer saber a la gente que nos gustaría hablar con ellos sobre Jesús y lo que Él significaba para nosotros.

Uno de los jóvenes y yo llamamos a una puerta donde un anciano nos invitó a entrar. Mientras lo visitábamos juntos, nos dimos cuenta de que quería estar seguro de que sus pecados habían sido perdonados. Percibimos que estaba dispuesto a recibir a Jesús como su Salvador. Vimos que sus ojos se iluminaban mientras hablábamos de las muchas veces que Dios había mostrado Su amor y cuidado por él. Expresó su gratitud por los años que Dios le había dado de vida. Le explicamos cómo Jesús murió en su lugar para satisfacer la justicia de Dios y proporcionarle el camino de la paz con Dios y la vida eterna. Le contamos las palabras de Jesús que se encuentran en la Biblia en Apocalipsis 3:20: "He aquí, yo estoy a la puerta y llamo; si alguno oye mi voz y abre la puerta, entraré a él, y cenaré con él, y él conmigo". Escuchó y tomó la decisión de que oráramos con él por la salvación de su alma.

Expresó su fe en Jesucristo y su deseo de hacer la voluntad de Dios. Después de que oramos, se hizo evidente que se había quitado un gran peso de encima. Confiaba en que había elegido el camino correcto hacia el cielo.

Aquella experiencia tuvo un profundo impacto en mí y en el joven que me acompañó a aquel hogar. Se dedicó a convertirse en un pastor bondadoso que ha influido en muchos otros para que abran sus corazones a Cristo y reciban la seguridad de la vida eterna. ¿Qué puede ser más importante que invitar a alguien a recibir a Jesús como su Salvador personal? ¡Qué aventura! ¡Disfruta del viaje!

Acércate

Enseñanza aprendida

Yo soy el Camino, la Verdad y la Vida. Nadie viene al Padre sino por Mí (Juan 14:60)

1. Las 7 Declaraciones "YO SOY" de Jesús revelan Su naturaleza divina: El Pan de Vida, La Luz del Mundo, La Puerta, El Buen Pastor, La Resurrección y la Vida, El Camino, la Verdad y la Vida, y La Vid Verdadera.

   ¿Cuál de estas afirmaciones que revelan el carácter de Jesús significa más para ti en este momento de tu vida?

2. No basta con oír la verdad o conocerla intelectualmente. Tomás oyó a Jesús describirse como el único que podía llevarle a él y a los apóstoles a la "casa del Padre".

   ¿Por qué es absolutamente esencial recibir a Jesús y creer que Él es el único Camino al Cielo?

3. Dios no estaba dispuesto a dejarnos en una condición indefensa y sin esperanza. A través de Jesús, todo lo que ahora está roto, un día será reparado.

    ¿Cómo tranquilizan estos dos capítulos sobre la promesa del Cielo a nuestros frágiles corazones de que la muerte no es el final, sino el principio de la eternidad con Jesús?

Mi oración en mis propias palabras. . .

ENCUENTRO 4

CAPÍTULO 8

La ausencia

Al amparo de la oscuridad, Jesús condujo a Tomás y a los apóstoles al olivar cercano, donde solía ir a orar. El huerto de Getsemaní fue el último lugar donde Tomás vio a Jesús con vida. En este entorno familiar, sus seguidores más cercanos, los que caminaban con Él, comían con Él, aprendían de Él y le amaban, le abandonaron con miedo. Sin embargo, en el vacío dejado por los apóstoles, vemos cómo Dios nos incluye *a cada uno de nosotros* en esta historia.

En las siguientes veinticuatro horas, Jesús sería traicionado, juzgado, crucificado y enterrado... con la llamativa ausencia de Tomás. No puede darnos un relato como testigo presencial de estos acontecimientos que cambiaron la historia, pero puede ofrecernos un asiento en primera fila de la gracia. En su historia, vislumbramos la nuestra. Los momentos de desesperación pueden hacernos dolorosamente conscientes de nuestra vulnerabilidad. También nosotros podemos refugiarnos en escondites cuando el miedo se impone a la fe. Jesús sabe dónde encontrarnos y nos invita a acercarnos, sin importar lo que intente alejarnos.

El jardín

Los cuatro Evangelios recogen los últimos acontecimientos de la vida terrenal de Jesús. En Marcos 14:32-37, 41-42 se nos dice:

> Vinieron, pues, a un lugar que se llama Getsemaní, y dijo a sus discípulos: Sentaos aquí, entre tanto que yo oro. Y tomó consigo a Pedro, a Jacobo y a Juan, y comenzó a entristecerse y a angustiarse. Y les dijo: Mi alma está muy triste, hasta la muerte; quedaos aquí y velad. Yéndose un poco adelante, se postró en tierra, y oró que, si fuese posible, pasase de él aquella hora. Y decía: Abba, Padre, todas las cosas son posibles para ti; aparta de mí esta copa; mas no lo que yo quiero, sino lo que tú. Vino luego y los halló durmiendo; y dijo a Pedro: Simón, ¿duermes? ¿No has podido velar una hora? Vino la tercera vez, y les dijo: Dormid ya, y descansad. Basta, la hora ha venido; he aquí, el Hijo del Hombre es entregado en manos de los pecadores. Levantaos, vamos; he aquí, se acerca el que me entrega.

A pesar de las múltiples peticiones de Jesús, no podían permanecer despiertos. Mientras Él caía al suelo en agonía, ellos se durmieron. Esto marca el comienzo de su ausencia durante los momentos más críticos de Jesús. Los apóstoles no valoraron la gravedad de la situación. También nosotros podemos encontrarnos espiritualmente dormidos ante los tiempos que vivimos. Si nos desentendemos de la situación de nuestra cultura, puede sobrevenir la apatía y la ausencia. El Enemigo quiere que nos desvinculemos de nuestra comunidad de fe y perdamos momentos significativos para el Reino. Jesús nos hace la misma pregunta que le hizo a Tomás y a los apóstoles: "¿No nos quedaremos despiertos y oraremos?"

Aunque sus acciones no lo reflejen, los apóstoles habían sido conscientes de la carga que llevaba Jesús. ¿Cómo podemos saberlo con certeza? En primer lugar, Jesús trató repetidamente de prepararlos para lo que vendría. Predijo su traición, muerte y resurrección. Incluso en la Cena del Señor, Jesús habló de ese momento en el huerto. Mateo 26:23-25 dice,

> Entonces él respondiendo, dijo: El que mete la mano conmigo en el plato, ese me va a entregar. A la verdad el Hijo del Hombre va, según está escrito de él, mas ¡ay de aquel hombre por quien el Hijo del Hombre es entregado! Bueno le fuera a ese hombre no haber nacido. Entonces respondiendo Judas, el que le entregaba, dijo: ¿Soy yo, Maestro? Le dijo: "Tú lo has dicho".

En segundo lugar, Dios trató continuamente de preparar a su pueblo en relación con los acontecimientos futuros sobre la venida del Mesías a través del mensaje de los profetas. "La historia de Jesús satura la meta narrativa de la Biblia, y las profecías de su primer advenimiento se encuentran en todo el Antiguo Testamento. Las alusiones a Él también aparecen en microformas, ya que muchas personas y acontecimientos insinúan la obra que Él llevaría a cabo. Un erudito, J. Barton Payne, ha encontrado hasta 574 versículos en el Antiguo Testamento que de alguna manera apuntan o describen o hacen referencia al Mesías venidero. Alfred Edersheim encontró 456 versículos del Antiguo Testamento que se referían al Mesías o a sus tiempos. Conservadoramente, Jesús cumplió al menos 300 profecías en Su ministerio terrenal".[1]

Tomás y los apóstoles habrían sabido de las profecías dadas y registradas cientos de años antes, cumplidas a través de Jesucristo. Incluso el malvado rey Herodes, en la época del nacimiento de Jesús, pidió a los escribas y maestros de la época que le dijeran "dónde había de nacer el Mesías" (Mateo 2:4). Los apóstoles están ausentes de los últimos momentos de Jesús, pero no así el cumplimiento de la profecía. No nos faltan pruebas de que Jesús es quien dice ser. A los valientes que creen, esto les proporciona la seguridad de Su divinidad, enviado del Padre como "el Cordero de Dios, que quita el pecado del mundo". (Juan 1:29).

Desde un lugar abrumador en un olivar hasta el lugar de la calavera, el Gólgota, incluimos sólo un puñado de los varios centenares de profecías relativas a Jesús. A través de la traición, el juicio, la crucifixión y la resurrección de Jesús, vemos cumplirse las profecías. Mil años antes del nacimiento de Jesús, David profetizó sobre la traición de Jesús. Sus palabras en el Salmo 41:9 lo revelan:

> Hasta mi amigo cercano,
>   en quien yo confiaba
>   y que compartía el pan conmigo,
>   se ha vuelto contra mí.

Juan 18:2-3 dice: "También Judas, el que lo traicionaba, conocía aquel lugar porque muchas veces Jesús se había reunido allí con sus discípulos. Así que Judas llegó al huerto, a la cabeza de un destacamento de soldados y guardias de los jefes de los sacerdotes y de los fariseos. Llevaban antorchas, lámparas y armas".

Sin saber qué esperar, los soldados llegaron preparados para la lucha. Sin embargo, Judas empuñó el arma más poderosa: su voluntad egoísta contra Dios. Nosotros armamos nuestra voluntad cuando elegimos la desobediencia y la rebelión contra las cosas de Dios. Las elecciones de Judas surgieron de su deseo de un cierto tipo de libertador, un guerrero que mostrara poder y autoridad contra los romanos. Judas no podía aceptar a Jesús como el Cordero compasivo de Dios; sólo quería que fuera el León conquistador de Judá.

Marcos 14:44 dice: "El traidor había dado esta contraseña: 'Al que le dé un beso, ese es; arréstenlo y llévenselo bien asegurado'". Cientos de años antes, el salmista escribió estas palabras sobre el Mesías venidero en el Salmo 2:12: "Besad a su hijo". En todo el Nuevo Testamento, la palabra *proskuneo* se utiliza para describir la adoración. "Según la Concordancia de Strong, 'proskuneo' significa 'besar', como besar la mano de un superior. Se asocia comúnmente con inclinarse o postrarse en el suelo con la idea de besar el suelo ante alguien."[2]

¿Por qué Judas traicionó a Jesús con un beso? Judas viajó con Tomás y los apóstoles, recibiendo la revelación completa del ministerio de Jesús. Judas consideraba a Jesús como su rabino y maestro, una posición de gran reverencia y respeto. Habría comprendido el simbolismo y el significado de saludar a Jesús con un beso. Muchos teólogos creen que Judas esperaba que su acto incitara a un Jesús no violento a iniciar una rebelión contra los romanos. Sin embargo, Jesús no se dejaría manipular.

Encontramos en el Evangelio de Lucas, capítulo 22:49-51: "Los discípulos que lo rodeaban, al darse cuenta de lo que pasaba, dijeron: 'Señor, ¿atacamos con la espada?' Y uno de ellos hirió al siervo del sumo sacerdote, cortándole la oreja derecha. '¡Déjenlos'! ordenó Jesús. Entonces tocó la oreja al hombre y lo sanó".

Judas traicionó a Jesús y, momentos después, Pedro recurrió a la defensa de Jesús. Tomás observó la forma en que Jesús se negaba a permitir que nada, ni nadie, lo desviara de su misión. Mira las palabras de Jesús en Mateo 26:55-56. "Y de inmediato dijo a la turba: '¿Acaso soy un bandido para que vengan con espadas y palos a arrestarme? Todos los días me sentaba a enseñar en el Templo y no me arrestaron. Pero todo esto ha sucedido para que se cumpla lo que escribieron los profetas.'" Nuestro Padre Celestial no sólo proveyó a Jesús como el Camino para nuestra salvación, sino que planeó las formas específicas en que se desarrollaría cada detalle de nuestra redención.

En Mateo 26:31, "'Esta misma noche', dijo Jesús, 'todos ustedes me abandonarán, porque está escrito: "Heriré al pastor y se dispersarán las ovejas del rebaño'". Seiscientos treinta años antes del nacimiento de Jesús, Zacarías profetizó sobre la forma en que se desarrollarían los acontecimientos en el huerto. Zacarías 13:7 dice: "Hiere al pastor, y se dispersarán las ovejas". Mateo 26:56 confirma precisamente lo que ocurrió: "Entonces todos los discípulos le abandonaron y huyeron."

El miedo a ser detenidos se convirtió en ausencia. Aterrorizados, Tomás y los apóstoles corrieron para salvar sus vidas. Sólo podemos imaginar cómo palpitaba el corazón de Tomás en sus oídos mientras se abría paso frenéticamente para escapar de las garras de los guardias y adentrarse en el anonimato del aire nocturno. Éste es Tomás, que antes había guiado a los apóstoles con una audaz orden: "Vayamos también nosotros, para que muramos con él" (Juan 11:16). Este es Tomás, que recibió la seguridad de un hogar preparado para los que creen. El miedo es un poderoso motivador. Los apóstoles eran conscientes de lo que pronto le sucedería a Jesús, pero eso solo no bastó. Cuando llegó el momento, le abandonaron. Salvo Juan, que permaneció fielmente junto a la cruz de Cristo, Tomás y los demás apóstoles están completamente ausentes de la narración evangélica hasta después de la resurrección.

El juicio

Acompañados por la fuerza bruta de los guardias romanos para reforzar su carga, los líderes judíos arrestaron a Jesús y lo llevaron ante el tribunal del Sanedrín. Con el gran YO SOY presente, se produjo la confrontación final entre Jesús y el consejo judío. Los jefes de los sacerdotes y los maestros de la ley judía buscaban cualquier prueba que pudieran encontrar para condenar a Jesús por un crimen. Se conformaron con Su respuesta a esta pregunta, planteada en el Evangelio de Marcos, capítulo 14:61: "¿Eres el Cristo, el Hijo del Bendito? preguntó de nuevo el sumo sacerdote".

"'Yo soy', dijo Jesús. Y ustedes verán al Hijo del hombre sentado a la derecha del Todopoderoso y viniendo en las nubes del cielo". (Marcos 14:62).

El Consejo habría reconocido inmediatamente Sus palabras, registradas por primera vez por el profeta Daniel en el capítulo 7:13-14:

En esa visión nocturna, vi que alguien con el aspecto de un hijo de hombre venía entre las nubes del cielo. Se acercó al Anciano de días, fue llevado a su presencia y se le dio autoridad, poder y reino. Todos los pueblos, naciones y lenguas lo adoraron. Su dominio es eterno y no pasará; su reino jamás será destruido.

El sumo sacerdote declaró que la afirmación de Jesús era una blasfemia. En esta farsa de juicio que quebrantó varias leyes judías, condenó a Jesús como merecedor de la muerte. Marcos 14:65 continúa: "Algunos empezaron a escupirlo; luego de vendarle sus ojos, le daban puñetazos. '¡Profetiza'! gritaban. Los guardias también lo abofeteaban".

Sin duda, entre la multitud había quienes recordaban las palabras del salmista recogidas en el Salmo 22:7: "Cuantos me ven se ríen de mí; lanzan insultos, meneando la cabeza". Estaban presenciando el cumplimiento de una profecía dada cientos de años antes. Al no tener autoridad para ejecutar a Jesús, lo llevaron ante Pilato, el gobernador romano de la zona. No encontrando ninguna falta en él, liberó a Jesús a los judíos que lo llevaron al rey Herodes. El rey Herodes interrogó a Jesús y lo devolvió a la autoridad legítima en la materia, Pilato. Los capítulos 18 y 19 de Juan registran una larga conversación entre Pilato y Jesús. Angustiado por la inocencia de Jesús, Pilato ordenó que azotaran a Jesús para apaciguar a los judíos. En Juan 19:9-11, Pilato llevó a Jesús de vuelta al palacio para hablar con Él una vez más en privado.

Así que entró de nuevo en el palacio y preguntó a Jesús: "¿De dónde eres tú"? Pero Jesús no contestó nada. "¿Te niegas a hablarme"? dijo Pilato. "¿No te das cuenta de que tengo poder para ponerte en libertad o para mandar que te crucifiquen? "No tendrías ningún poder sobre mí si no se te hubiera dado de arriba", contestó Jesús. "Por eso el que me puso en tus manos es culpable de un pecado más grande".

Bajo fuerte presión política y gran coacción, Pilato ordenó crucificar a Jesús. A lo largo de la historia, y todavía hoy, Dios utiliza a los que tienen autoridad para cumplir lo que ha planeado para la redención de la humanidad. Dios obró a través de los gobernantes religiosos judíos, un gobernador ambivalente, un rey malvado y los soldados romanos para cumplir la profecía y realizar Su voluntad. Podemos confiar en que Dios controla las circunstancias, los acontecimientos que conforman la historia y el propio tiempo. Eso no significa que no oremos y busquemos a Dios para que Su reino venga a la tierra como está en el cielo. Podemos ser lo suficientemente valientes como para creer que Dios está en el trono y escucha nuestras oraciones. Sus planes prevalecerán sobre los demás.

Los que tenían autoridad terrenal sobre Jesús le sometieron a un intenso interrogatorio. Aunque escucharon atentamente sus respuestas, se negaron a aceptar lo que decía como verdad o a recibirle como el Mesías prometido. Hoy en día, Jesús sigue siendo sometido a juicio en los corazones y las mentes de algunos que luchan con las mismas preguntas planteadas hace dos mil años:

- ¿Es Jesús el Mesías, el Hijo de Dios?
- ¿Qué hago con Jesús?

Las respuestas que demos determinarán nuestro destino.

La Cruz

La crucifixión era una ejecución pública. Los condenados a muerte debían llevar su cruz por las congestionadas calles de Jerusalén, con mercados y animales por doquier. Cuando Jesús llevaba su cruz por la Vía Dolorosa o "Camino del Sufrimiento", se desplomó bajo su peso. El capítulo 23 de Lucas nos dice que los soldados forzaron a Simón de Cirene y le obligaron a llevarla el resto del camino. Como los discípulos de Jesús estaban ausentes, esta sagrada tarea recayó en un extraño que pasaba por allí. Podemos apresurarnos a juzgarlos por abandonarlo.

Sin embargo, nuestro compromiso puede decaer cuando el costo de seguir a Jesús es demasiado alto. Podemos caer en la tentación de distanciarnos de Él cuando soportamos el golpe de la decepción en lugar de la cruz que Él nos llama a llevar.

El profeta Isaías nos dice que Jesús quedó desfigurado hasta quedar irreconocible. Aún así había gente en la multitud que sabía que Él los había curado... liberado... y liberado de su sufrimiento. Ahora se convertía en el siervo sufriente para ellos y para nosotros.

Otros que estaban cerca apenas miraron en su dirección. No veían más que a otro criminal condenado en otro día cualquiera. *Pero no lo era.* El Hijo de Dios, sin mancha ni pecado, se hizo carne y vivió entre nosotros. Y ese día, el Dios del universo entregó su vida por nuestra salvación. Nadie empujó a Jesús a la cruz. Él se postró voluntariamente por el poder del amor. Jesús dijo en Juan 10:17-18: "Por eso me ama el Padre: porque entrego mi vida para volver a recibirla. Nadie me la arrebata, sino que yo la entrego por mi propia voluntad. Tengo autoridad para entregarla y tengo también autoridad para volver a recibirla. Este es el mandamiento que recibí de mi Padre".

El metal partió la madera al clavar los clavos en las manos y los pies de Jesús. Los soldados romanos ignoraban que ellos también formaban parte del cumplimiento de profecías escritas cientos de años antes de que nacieran. No conocían ni habían estudiado los escritos del Antiguo Testamento. Mientras ponían a Jesús en la cruz, decidieron tomar sus ropas y dividirlas entre ellos. Cuando quedó una sola vestidura sin costura, Juan 19:24 nos dice que dijeron: "'No la dividamos', se dijeron unos a otros. 'Echemos suertes para ver a quién le toca'". El Salmo 22:18 dice: "Se repartieron entre ellos mi manto y sobre mi ropa echaron suertes".

Levantaron la cruz que sostenía al Salvador hacia el cielo y la clavaron en el suelo. Algunos de los que presenciaron su crucifixión alzaron la voz y gritaron un coro de abucheos, mientras otros inclinaban la cabeza y lloraban con profundo dolor. Incluso estos momentos de intensa angustia personal para Jesús estaban saturados de amor. Tenía palabras que decir a sus más allegados, a los crucificados junto a Él y a su Padre celestial. El apóstol Juan escribe en el capítulo 19:25-27: "Junto a la cruz de Jesús estaban su madre, la hermana de su madre, María, la esposa de Cleofas, y María Magdalena. Cuando Jesús vio a su madre y al discípulo a quien él amaba a su lado, dijo a su madre: 'Mujer, ahí tienes a tu hijo'. Luego dijo al discípulo: 'Ahí tienes a tu madre'. Y desde aquel momento ese discípulo la recibió en su casa".

Jesús seguía siendo plenamente consciente de todo lo que le ocurría a Él y a su alrededor. Perdonó al ladrón arrepentido en la cruz y le dijo que estaría con Él en el paraíso. Y oró por los que lo crucificaron: "Padre, perdónalos, porque no saben lo que hacen" (Lucas 23:34).

El capítulo 27:46 de Mateo dice: "Como las tres de la tarde, Jesús gritó con fuerzas: *"Elí, Elí, ¿lema sabactani?"* (que significa "Dios mío, Dios mío, ¿por qué me has abandonado?")". David escribió sobre este doloroso momento de separación en el Salmo 22:1: "Dios mío, Dios mío, ¿por qué me has abandonado?" Cuando Jesús, que no conocía pecado, se hizo pecado por nosotros, el Padre apartó Su rostro de Su Hijo. Dios es santo; ningún pecado puede entrar en Su presencia. Jesús sabía todo lo que le costaría, y aun así terminó la obra de redención en la cruz.

El apóstol Juan incluye dos profecías adicionales cumplidas por los guardias romanos. Para acelerar el proceso de la muerte, los soldados solían romper las piernas de los crucificados. Los soldados rompieron las piernas de uno de los ladrones que colgaban junto a Jesús. Sin embargo, Juan 19:33-34 dice: "Pero cuando se acercaron a Jesús y vieron que ya estaba muerto, no quebraron sus piernas. Sino que, uno de los soldados le abrió el costado con una lanza, y al instante brotó sangre y agua." Dios había revelado Su voluntad al salmista en el capítulo 34:20: "le protegerá todos sus huesos, ni uno solo le quebrarán". Zacarías

12:10 dice: "derramaré el Espíritu de gracia y de súplica. Entonces me mirarán a mí, a quien traspasaron, y harán lamentación con duelo como por su hijo único. Llorarán amargamente, como quien llora por su primogénito".

En Lucas 23:46 leemos: "Jesús exclamó con fuerza: 'Padre, en tus manos encomiendo mi espíritu'. Y al decir esto, expiró". Esto cumplió las palabras del salmista en el Salmo 31:5: "En tus manos encomiendo mi espíritu; líbrame, Señor, mi Dios fiel". En aquel momento, las tinieblas envolvieron la colina del Gólgota y la cortina del templo se rasgó de arriba abajo. Dios abrió el Camino para que todo aquel que creyera en Jesús tuviera acceso directo a Su presencia. Mientras un terremoto sacudía el suelo, los soldados romanos al pie de la cruz se dieron cuenta de que habían experimentado un encuentro divino. Mateo 27:54 nos dice: "Cuando el centurión y los que con él estaban custodiando a Jesús vieron el terremoto y todo lo que había sucedido, estaban aterrados y exclamaron: "¡Verdaderamente era el Hijo de Dios!"".

En una cruz de madera, Jesús cargó con los pecados de todo el mundo. Nunca podríamos cubrir la distancia que el pecado creó entre nosotros y Dios. Pero Dios, el juez justo, escribió: *"Estás perdonado"* en letras teñidas de rojo por la sangre de Jesús. Cuando somos lo suficientemente valientes como para creer en Jesús como nuestro Salvador, Dios ya no nos ve cubiertos por el pecado y la vergüenza, sino justos y redimidos a través de Su Hijo.

El entierro

En ausencia de los apóstoles, dos conversos secretos de Jesús tomaron su cuerpo y lo prepararon para la sepultura. Juan 19:38-39 dice: "Después de esto, José de Arimatea pidió a Pilato el cuerpo de Jesús. José era discípulo de Jesús, aunque en secreto por miedo a los judíos. Él fue y retiró el cuerpo con el permiso de Pilato. También Nicodemo, el que antes había visitado a Jesús de noche". Según los ritos funerarios judíos, trajeron mirra, aloes y lino para envolver su cuerpo y lo depositaron en una tumba nueva en un jardín cercano.

Desde el momento en que Tomás y los apóstoles huyeron de la escena del arresto de Jesús hasta el silencio ensordecedor que siguió a la tumba sellada, la vergüenza les robó la paz. Quizá se preguntaron cómo había sucedido. En su ausencia, nos queda una pregunta propia. ¿Cómo es posible que falten en la narración de los momentos más significativos de la vida de Jesús?

Queremos una historia limpia y ordenada, en la que todo el mundo esté donde se supone que debe estar. Creemos que deberíamos leer la versión en la que Simón Pedro y Andrés están lo suficientemente cerca de Jesús como para llevar su cruz... en la que Tomás y Mateo acallan los insultos de la multitud... y Santiago y Juan envuelven su cuerpo roto y ensangrentado y entierran a su Maestro. Pero en lugar de eso, nos sentimos incómodos cuando leemos sobre Simón el Cireneo, un ladrón condenado, y José de Arimatea y Nicodemo, dos hombres demasiado temerosos para reconocer su fe en Jesucristo.

Pensamos: Esto no puede estar bien. Esto debe ser un error. El Evangelio no comete errores, pero nos incomoda. Y nos invita a entrar. A través de los encuentros presentes en las últimas horas de la vida terrenal de Jesús, vemos el corazón de nuestro Padre Celestial. Un delincuente común, que no tenía nada que ofrecer a Jesús, recibió el perdón momentos antes de su muerte. Un soldado romano, enemigo de Jesús, alabó a Dios y reconoció a Jesús como Hijo de Dios. A dos líderes judíos, creyentes encubiertos, se les confió el cuidado del Salvador del mundo.

¿Puedes verlo? **En ausencia de los apóstoles, Dios escribió a toda la humanidad en esta historia.**

Tendemos a leer la Biblia a través del prisma de lo que nos dice a nosotros y sobre nosotros. Pero la Biblia debe leerse, ante todo, como una revelación de lo que dice sobre Dios. La Escritura es la forma en que sabemos quién es Él *y* cómo estamos incluidos en su historia. Con esta perspectiva, ya no se nos quebranta el corazón al pensar en Jesús sin sus amigos más cercanos. Por el contrario, nos sobrecoge su amor al morir por un extraño, por un enemigo, por un criminal y por aquellos que tenían miedo de admitir que le seguían. Se sintieron atraídos por esta invitación: acércate y sé valiente para creer. Los apóstoles pasaron años con Jesús, mientras que cada uno de ellos sólo lo tuvo un momento. Pero cuando te encuentras con Jesús, un momento es suficiente.

Tal vez te hayas encontrado en esta historia. . .

- Como Simón de Cirene, Jesús ha sido poco más que un extraño para ti en tu vida cotidiana. Jesús te invita a acercarte.

- O, como el ladrón en la cruz, sientes que has perdido el tiempo y que no tienes nada que ofrecer a Jesús. Jesús te invita a acercarte.

- Es posible que veas tu reflejo en el soldado romano mientras miras tus decisiones y lamentas lo que has hecho. Jesús te invita a acercarte.

- Quizás el miedo ha envuelto tu creencia en Jesucristo, y lo has mantenido en secreto por lo que otros pudieran decir. Jesús te está invitando a acercarte.

La traición, el juicio, la muerte y la sepultura de Jesús no fueron una cadena fortuita de acontecimientos desafortunados. Dios orquestó divinamente cada momento para nuestra salvación. Juan 3:16 (RV60) nos dice: "Porque de tal manera amó Dios al mundo, que ha dado a su Hijo unigénito, para que todo aquel que en él cree, no se pierda, más tenga vida eterna". Jesús está en todo y, sobre todo. No sólo invita a sus amigos más íntimos a conocerle, invita a *todo el mundo, a los* vagabundos, a los que se preguntan y a los descarriados. Nos invita a todos.

La Resurrección

La noticia empezó a correr: Jesús había muerto. Mientras las horas se alargaban hasta convertirse en días, Tomás y los apóstoles se mantuvieron fuera de la vista de los líderes judíos y fuera del alcance de los guardias romanos. Sin embargo, pronto descubrirían que la muerte no tendría la última palabra.

A primera hora del tercer día, antes incluso de que el alba anunciara su llegada, María Magdalena recogió sus pertenencias y sus emociones lastimadas para dirigirse al sepulcro. Al acercarse a la entrada, se le cortó la respiración: la piedra había sido removida. Su corazón latía con fuerza y sus pensamientos se agitaban... ¿Quién lo haría? ¿Quién vendría a robar el cuerpo? Inmediatamente se fue a avisar a Pedro y a Juan. Pedro volvió corriendo a la tumba donde habían colocado el cuerpo de Jesús y se adelantó a los demás. La luz del sol entraba en la tumba poco iluminada. Cuando sus ojos se adaptaron, una forma comenzó a tomar forma. En lugar del cuerpo de Jesús, sólo quedaba la ropa de la tumba. Volvieron al lugar donde se alojaban, pero María se quedó junto a la tumba vacía. Era demasiado. María estaba deshecha.

"¿Por qué lloras? ¿A quién buscas?"

Maria se volvió hacia la voz que había detrás de ella. Pensando que era el jardinero, le suplicó: "Señor, si se lo ha llevado, dígame dónde lo ha puesto y lo traeré".

Jesús le dijo: "María".

Frente a ella estaba Cristo resucitado. ***Jesús había resucitado.***

Jesús dijo a María que transmitiera el mensaje a los demás: Estaba vivo. A cada paso, los recuerdos inundaban su mente. Jesús la había rescatado de una vida de pecado y vergüenza. La había liberado de múltiples demonios que la tenían secuestrada. La había acogido en su círculo de amigos más íntimos. Y ahora, Él se le había aparecido—primero—después de Su resurrección. Ella había estado desesperada por la redención. Ahora, había sido elegida para la revelación.

Cara a cara con los apóstoles, exclamó: "He visto al Señor" (Juan 20:18). Más tarde, esa misma noche, Juan 20:19-22, 24 dice:

> Al atardecer de aquel primer día de la semana, estando reunidos los discípulos a puerta cerrada por temor a los judíos, entró Jesús y poniéndose en medio de ellos, dijo: "¡La paz sea con ustedes"! Dicho esto, les mostró las manos y el costado. Al ver al Señor, los discípulos se alegraron. "¡La paz sea con ustedes"! repitió Jesús. "Como el Padre me envió a mí, así yo los envío a ustedes". Acto seguido, sopló sobre ellos y les dijo: "Reciban el Espíritu Santo".
>
> Tomás, al que apodaban el Gemelo y que era uno de los Doce, no estaba cuando llegó Jesús.

Los apóstoles habían abandonado a Jesús en su hora más oscura y habían echado el cerrojo a las puertas temiendo por sus vidas. Sin embargo, nada disuadió a Jesús de ir tras ellos. Podríamos esperar palabras duras de reprimenda y emociones detenidas. En lugar de eso, les dio paz, seguridad y gracia. Recibieron el aliento del cielo y un encargo audaz.

Y Tomás se lo perdió todo.

¿Dónde estaba? Cabría esperar que se hubiera separado del grupo para procesar su confusión en soledad. Sin embargo, los versículos futuros indican que luchaba por aferrarse a la fe. La pesada carga de la duda y la decepción le llevaron a ausentarse intencionadamente. Algo en Tomás murió junto a Jesús en la crucifixión. Ahora, en el crisol de su fe, Tomás se apartó de los demás y se aisló de los que vieron a Jesús. A medida que la esperanza se desvanecía, su mente se tambaleaba. . .

"¿No eras tú el Mesías? ¿Cómo pudo suceder esto? Había estado dispuesto a morir por ti. Creía que tenías autoridad para resucitar a los muertos. ¡Ahora tú mismo estás muerto! ¿Quién nos va a guiar? Ahora, ¿cuál es mi propósito?"

En el pasado, habríamos estado tentados a cuestionarnos ante la ausencia de Tomás y señalarlo con un dedo acusador. Pero entonces llegó 2020. Ahora, *todos hemos* vivido una temporada de aislamiento y confusión sin precedentes. A través de una pandemia, protestas y un miedo palpable, muchos de nosotros nos sentimos turbados por situaciones fuera de nuestro control. Nos distanciamos socialmente y nos encerramos a puerta cerrada. Nos cansamos de las tensiones en los matrimonios, las finanzas y los sistemas educativos. Nos agotaron las exigencias sobre nuestra salud física, emocional y mental.

Cuando nos enfrentamos a una crisis de fe, lo peor que podemos hacer es aislarnos de la comunidad de otros creyentes. Cuando lo hacemos, como Tomás, podemos perder la paz, la tranquilidad y la fuerza que anhelamos. El aislamiento es tóxico para nuestras almas. Le da a Satanás una oportunidad peligrosa de atacarnos por todos lados. En lugar de eso, necesitamos rodearnos de aquellos que están esperando que Jesús aparezca.

Incluso cuando la fe se ve sofocada por las circunstancias, Jesús nunca se da por vencido. Él es implacable en Su búsqueda. Sin embargo, hay una puerta por la que Jesús no pasa sin ser invitado. Las puertas de nuestros corazones deben abrirse desde dentro. Encontramos las palabras de Jesús en Apocalipsis capítulo 3:20, "¡Aquí estoy! Estoy a la puerta y llamo. Si alguien oye mi voz y abre la puerta, entraré y comeré con él, y él conmigo". Él extiende esta invitación hoy. Una vida de paz y propósito te está esperando. Abre la puerta y deja entrar a Jesús.

Un fallo de confianza no tiene por qué definirnos. La ira no tiene por qué controlarnos. La decepción no tiene por qué descarrilarnos. Porque Jesús venció a la muerte y a la tumba en *sus* horas más oscuras, podemos creer que la gracia y la fuerza de Dios serán suficientes en *las nuestras*. En nuestro encuentro final entre Tomás y Jesús, veremos a un hombre sacado de la soledad y la desesperación. Al hacerlo, descubriremos cómo Jesús también *nos* invita a dejar atrás la incertidumbre y a experimentar una vida de fe inquebrantable.

De cerca con Hubert y Angela

Mientras luchábamos con este capítulo, se hizo difícil aceptar la imagen de Tomás huyendo del peligro, abandonando al Señor. ¿Cómo escribir un capítulo sobre Tomás cuando él no aparece en la historia? Sin embargo, nos dimos cuenta de que Jesús no esperaba que se enfrentara a sus enemigos. Jesús dejó claro a los apóstoles que debía recorrer su camino solo.

En ausencia de los apóstoles, dos cosas emergieron para nosotros: el significado de la profecía que rodeaba los acontecimientos y la repentina aparición de personas que se sintieron atraídas por Jesús.

En primer lugar, cuando Jesús se sometió a la crucifixión, quedó claro que las voces proféticas describían los detalles cientos de años antes. Algunos eruditos judíos que presenciaron la crucifixión supieron inmediatamente que estaban viendo el cumplimiento de la profecía. Ahora, para nosotros, la profecía cumplida en toda la Escritura nos proporciona una prueba innegable de que Jesús apareció en la escena de la historia humana como el Hijo de Dios, el Salvador. Nos encanta la forma en que Pablo describe a Jesús en Colosenses 2:9: "Porque toda la plenitud de la divinidad habita en forma corporal en Cristo". Escribe en 2 Corintios 5:19: "Esto es, que, en Cristo, Dios estaba reconciliando al mundo consigo mismo, no tomándoles en cuenta a los hombres sus pecados". Por eso nos encanta llamarla la mayor historia de amor jamás contada.

En segundo lugar, vemos a personas incluidas en la historia de Jesús que fueron receptores totalmente inesperados de una estrecha relación con Jesús. Un hombre, sacado de entre la multitud de Jerusalén, cargó con la cruz de Jesús. Otro colgado de su propia cruz junto al Señor. Dos hombres que habían permanecido en la sombra durante los tres años de ministerio de Jesús ahora dieron un paso al frente. Y no podemos evitar preguntarnos: ¿Podría la presencia de Tomás y de los apóstoles caminando junto a Jesús camino del Gólgota haber impedido que un extraño llegara a conocer a Jesús? ¿Y si, como sus más devotos seguidores, hubieran iniciado un motín y hubieran precipitado a Jesús por un callejón apartado de su destino? ¿Y si los apóstoles se hubieran colocado cerca de la cruz de Cristo y hubieran proferido gritos tan fuertes que hubieran ahogado la llamada de un pecador moribundo en una cruz cercana? Puede que eso le hubiera impedido entrar en el reino de los cielos. Si los apóstoles hubieran enterrado el cuerpo de Jesús, a otros dos hombres se les habría negado la recompensa eterna que Dios les dio por guardar cuidadosamente el cuerpo de Jesús y proporcionar el lugar para Su entierro.

¿Qué nos dice esto sobre Dios? La Biblia dice en 1 Juan 4:16: "Dios es amor". Podría haber dicho: "Dios es poder", ya que posee el mayor poder del universo. Podría haber dicho: "Dios es conocimiento", ya que contiene todo el conocimiento del universo. Pero en lugar de eso, dice: "Dios es amor". Confiamos en que hayas llegado a conocer mejor a este Dios amoroso, y el modo en que te ha invitado a entrar en su historia.

Acércate

Enseñanza aprendida

En ausencia de los Apóstoles, Dios incluyó a toda la humanidad en esta historia

1. Dios trató continuamente de preparar a su pueblo en relación con los acontecimientos futuros sobre la venida del Mesías a través del mensaje de los profetas del Antiguo Testamento.

   Hemos incluido una selección de los cientos de profecías relativas a Jesús. ¿Cómo te afecta el cumplimiento de las profecías?

2. La Escritura es la forma en que sabemos quién es Dios y cómo estamos incluidos en Su historia. Nos sobrecoge su amor al morir por un extraño... por un enemigo... por un criminal... y por quienes temen admitir que le seguían.

   Este capítulo amplió nuestra comprensión de las formas en que Jesús invita a todos a acercarse. ¿Cómo nos ayuda esto a vivir como seres amados, a demostrar Su amor a los demás y a llevarlos a formar parte de la historia de Dios?

3. La pesada carga de la duda y la decepción le llevaron a Tomás a ausentarse intencionadamente. Cuando nos enfrentamos a una crisis de fe, lo peor que podemos hacer es aislarnos de la comunidad de otros creyentes.

    ¿De qué manera afecta el aislamiento nuestra salud física, mental, emocional y espiritual?

    Mi oración en mis propias palabras. . .

CAPÍTULO 9

Presencia

Abandono.
Rechazo.
Aislamiento.
Dudas.

Esta lista de palabras parece un precedente improbable para uno de los finales más impactantes de toda la Escritura. Pero Dios es especialista en historias de rescate inverosímiles. Si nos hubiera dejado *a nosotros* escribir este episodio para nuestro cierre de temporada, quizá habríamos visto el final y adiós de Tomás. Tal vez enviaríamos a Jesús en busca de alguien más confiable en lugar de alguien que lo abandonó. Tal vez decidiríamos que Tomás no era de fiar y tomaríamos otro currículo de vida para un nuevo apóstol. Alguien leal... alguien dedicado... alguien que fuera merecedor.

¿Alguien como nosotros?

Es en este momento cuando recordamos el amor de Dios. La gracia es el favor inmerecido de Dios que nos da lo que *no* merecemos, y la misericordia es la provisión de Dios que nos impide obtener lo que *sí* merecemos. En Juan 20, encontramos el último y quizás más conmovedor encuentro entre Tomás y Jesús. A medida que transcurre el pasaje, somos testigos de la hermosa conclusión de la historia de un hombre quebrantado por las circunstancias.

Una misión para los que faltan

Jesús, en Su gran amor y cuidado por los apóstoles, no perdió tiempo y fue a visitarlos la misma tarde de Su resurrección. Después de que Él los dejara, los apóstoles se propusieron encontrar a Tomás. Se negaron a dejarlo ahogarse en un aislamiento solitario autoimpuesto. Juan 20:25 dice: "Entonces los otros discípulos le dijeron [a Tomás]: "¡Hemos visto al Señor!"".

Vemos dos tipos de personas en esta narración: los que se han alejado de la fe y los que están decididos a traer a otros de regreso al redil. Quizá hayamos sido ambas cosas en algún momento de nuestras vidas. Puede que nos hayamos aislado *de* los demás por desilusión o por haber puesto nuestra esperanza en un lugar equivocado. Si no se controla, la desilusión ha llevado a algunos a desvincularse de la comunidad eclesial e incluso a deconstruir su fe. Por otro lado, puede que hayamos formado parte de un grupo de búsqueda *de* los demás. Como seguidores de Cristo, se nos ha encomendado la misión de buscar a los que faltan. Seamos creyentes principiantes o líderes experimentados, estamos llamados a amar a quienes están lejos de Dios o luchan en su fe. No somos responsables de las decisiones de los demás. Sin embargo, Dios nos ha dado el mandato de orar, perseguir y guiar a las personas hacia Él. Podemos pedir al Espíritu Santo sabiduría y discernimiento para guiar nuestras respuestas y reacciones.

Pero si algunos de nosotros fuéramos sinceros, estaríamos cansados. Cansados de ver cómo alguien a quien amamos se aleja cada vez más de Jesús. Cansados de oraciones llenas de lágrimas y noches sin dormir. Cansados de esperar en silencio y preocupados más allá de nuestro punto de inflexión. Cansados de compartir fielmente el Evangelio con aparentemente poco que mostrar.

A Satanás no le importa si nuestra lucha es la duda o el agotamiento; cualquiera de las dos puede desgastarnos y debilitar nuestra determinación. Estamos llamados a llevar la promesa de un Salvador resucitado, no pedazos de tela de una esperanza desvanecida. Cuando estamos cargados con un corazón cansado, necesitamos la fuerza sobrenatural que sólo Jesús puede dar. Antes de compartir a Jesús con los demás, debemos experimentar nuestro propio encuentro personal con Él. Él sopla nueva vida para creer en situaciones imposibles. Su presencia es el oxígeno que necesitamos desesperadamente.

Eso es lo que ocurrió cuando Jesús se apareció a los apóstoles. Sopló sobre ellos y les dijo que recibieran, o dieran la bienvenida, al Espíritu Santo. A lo largo del Antiguo Testamento, y hasta que Jesús ascendió al Padre, el Espíritu Santo "vino sobre" personas como profetas, profetisas, jueces y reyes. Hablaban en nombre de Dios y realizaban tareas aparentemente imposibles gracias a Su poder. Jesús sabía que esta unción específica del Espíritu Santo daría a los apóstoles el aliento suficiente para tener el valor de dejar atrás las puertas cerradas y dar sus siguientes pasos.

A menos que...

Los apóstoles, decididos, buscaron a Tomás para que volviera a reunirse con ellos. Cuando le dijeron que habían visto a Jesús vivo, no se atrevió a creer sus palabras. Juan 20:25 dice: " 'Mientras no vea yo la marca de los clavos en sus manos, y meta mi dedo en las marcas y mi mano en su costado, no lo creeré', repuso Tomás."

Tomás, el pragmático, quería pruebas. Temeroso de esperar y agotado por la decepción, buscaba una fe informada. No podía contentarse con rumores o con la experiencia de otra persona. Sin embargo, bajo lo que podría parecer una petición benigna se escondía una verdad más oscura: Tomás dudaba de que Jesús hubiera resucitado de entre los muertos.

Tomás observó y caminó con Jesús durante tres años. Conoció a Jesús como el Redentor de los que habían perdido sus almas por otras cosas. Oyó a Jesús como el maestro que asombraba a todos los que le escuchaban. Fue testigo de Jesús como sanador de los enfermos y vio con sus propios ojos cómo resucitaba a Lázaro de entre los muertos. *Pero eso era antes.*

Para Tomás, Jesús murió desangrado en una cruz y yacía sin vida en una tumba prestada. A pesar del relato de sus testigos oculares, su esperanza vacía luchaba por creer en una tumba vacía. Luchó con muchas preguntas. "¿Es demasiado bueno para ser verdad? ¿Me quedaré sólo con esperanzas frustradas? E incluso si es verdad, ¿me seguirá aceptando Jesús cuando he tenido estas dudas sobre Él?"

Tomás necesitaba más. Pidió tres cosas que parecían fuera de toda posibilidad:

- *A menos que* vea las marcas de los clavos en sus manos . . .
- *A menos que* ponga mi dedo donde estaban los clavos . . .
- *A menos que* ponga mi mano en Su costado. . .

No creeré.

Muchas personas se enfrentan al mismo dilema que atormentaba a Tomás. Escuchan relatos de primera mano de quienes han experimentado un verdadero cambio tras entregar su vida a Jesús. Leen los relatos bíblicos de aquellos que se encontraron con Jesús. Sin embargo, no se atreven a creer que eso pueda sucederles a ellos.

A veces, no queremos que nadie sepa que tenemos dudas, así que las escondemos en espacios silenciosos. Otras veces, las gritamos—en voz alta—para que todo el mundo pueda oírlas. Luchamos con muchas preguntas: "Dios ¿eres bueno? ¿Eres quien dices que eres? ¿Dónde estás en todo esto? ¿Cuánto tiempo más vas a permitir que esto continúe? ¿Y si confío en ti y no sale como espero? ¿Qué debo hacer entonces?"

Dios acepta nuestras preguntas. Su Palabra resiste el escrutinio más severo. Pero la duda no resuelta puede llevar a la deconstrucción de nuestra fe. Algunos de nosotros, sin siquiera darnos cuenta, permitimos que nuestra fe se erosionara a través de una palabra: *a menos que*. Puede que nunca hayamos pronunciado la frase en voz alta, pero nuestros sistemas de creencias han quedado tan destrozados que no sabemos cómo volver a empezar. Ponemos en tela de juicio el carácter de Dios cuando algo no sale como pensamos que debería salir. O retenemos la plena confianza en Dios *hasta que algo sale* como pensamos que debería salir. *No* ponemos condiciones a nuestra disposición a creer.

- *A menos que* vea alivio de este dolor en mi vida.
- *A menos que* finalmente obtenga la respuesta por la que he estado orando.
- *A menos que* entienda por qué sucedió esto.

No creeré.

Jesús ya conoce nuestros lugares de "*a menos que*". Él nos encuentra allí, pero no quiere que nos quedemos allí. No tenemos que ser rehenes del engaño o debilitados por la duda. Podemos invitar al Espíritu Santo a que nos ayude a reconocer cualquier cosa que nos impida rendirnos por completo. Cuando lo hacemos, Él nos da el poder para enfrentar nuestras dudas y aferrarnos a la fe. La fe sustituye la palabra *a menos que* por a *pesar de todo*.

"Independientemente de las preguntas que queden sin respuesta en mi vida, no ataré mi fe a un resultado. Apostaré mi vida a quien Jesús dice que es. Creeré".

Podemos estar seguros de una cosa: en esta vida no faltarán incertidumbres. Seamos un buscador, un escéptico o un líder experimentado, debemos aprender a manejar la tensión entre la duda y la fe. Debemos reconciliar la realidad de nuestro dolor y sufrimiento con la verdad de que Dios es bueno. Sólo cuando somos dueños de nuestras dudas podemos ser verdaderamente dueños de nuestra fe. En *Fractured Faith: Finding Your Way Back to God in an Age of Deconstruction*, Lina AbuJamra escribe:

"Tu sufrimiento actual es una invitación de Dios a que tengas más de su presencia en tu vida. . .. Descubrirás que no estás solo en tu dolor, y que cuando por fin lo dejes salir todo, Dios seguirá ahí, esperándote. Te darás cuenta de que a Dios no le molesta tu dolor. Él lo acoge; Él te acoge. Es un Salvador que conoce nuestro dolor. Pero también es un Salvador que sabe que la gloria nace del sufrimiento".[1]

Como veremos en la vida de Tomás, podemos aceptar la invitación de Jesús a acercarnos, no importa lo que nos intente alejarnos.

La invitación

Tal vez Tomás empezó a darse cuenta de lo que le había costado la separación. Juan 20:26 dice: "Una semana después sus discípulos estaban de nuevo en la casa, y Tomás estaba con ellos". Atraído por los apóstoles, se encontró de nuevo en su comunidad. Aunque no estamos al tanto de sus conversaciones, sus acciones proporcionan un modelo de discipulado relacional. En lugar de condenarle al ostracismo, le abrieron la puerta y le invitaron a entrar. Si nos encontramos luchando con la duda, nunca debemos tener miedo de volver a una comunidad de creyentes. Amigo, no pierdas de vista el valor de las relaciones. Apóyate en el conocimiento y la experiencia de los demás. Quédate en compañía de quienes te cubran en la oración y ve tras Dios en la adoración. Sin embargo, estas peticiones son como una punzada que arde si el dolor de la iglesia es lo que nos alejó en primer lugar.

Nuestras iglesias y grupos pequeños deben ser entornos acogedores para aquellos que están reconstruyendo los fragmentos de su fe. En lugar de acallar las dudas, las comunidades eclesiales deben entablar conversaciones sanas que aporten consuelo y claridad. Cuando nuestras comunidades de fe proporcionan un espacio seguro para procesar nuestras preguntas, se nos invita a acercarnos cuando la duda intenta alejarnos.

La decisión de Tomás de regresar lo cambió todo. No sólo superó su lucha interna, sino que también desafió el peligro de ser arrestado. Gene A. Getz dice: "Seguían manteniendo las puertas cerradas porque la hostilidad iba en aumento a causa de la increíble historia de que Jesús ya no estaba en la tumba. Los líderes religiosos de Jerusalén se sentían muy amenazados y, para ocultar sus propios pecados, acusaron a los Apóstoles de robar el cuerpo de Jesús y de perpetuar el mito de que había resucitado de entre los muertos."[2]

Juan 20:26 registra la segunda vez que Jesús se apareció a los apóstoles. "Aunque las puertas estaban cerradas, Jesús entró, y poniéndose en medio de ellos los saludó: "¡La paz sea con ustedes!"". A pesar de todo lo que había sucedido, nada impedía a Jesús atravesar puertas cerradas, física y espiritualmente, para liberar el potencial de Tomás. En sus primeras palabras, Jesús ofreció consuelo y seguridad a los ansiosos apóstoles. Con intención, escudriñó la sala y estrechó su mirada hacia una persona: Tomás.

Esa fracción de segundo encerraba mil palabras. ¿Cómo fue ese momento para Tomás? ¿Se sintió acosado por el arrepentimiento? ¿O abrumado por la gracia? ¿O desconsolado por haber perdido el encargo y la promesa que habían recibido los demás? Tal vez desvió la mirada, avergonzado por haber abandonado a Jesús antes de la crucifixión. O tal vez miró de frente al rostro de su Señor resucitado.

Jesús no esperó una disculpa ni le recordó a Tomás su fracaso. Días antes, Tomás había lanzado un desafío cáustico a sus amigos más íntimos: "A menos que..." Llevado por la desesperación, había tocado fondo. Ahora, él y Jesús estaban cara a cara. Sin vacilar, Jesús pronunció estas palabras de invitación: **"Pon tu dedo aquí y mira mis manos. Acerca tu mano y métela en mi costado"** (Juan 20:27).

Jesús sabía exactamente lo que Tomás necesitaba. Una crisis de fe había revelado su duda más profunda, pero Jesús respondió a su anhelo más profundo. El conocimiento no era suficiente. Tomás necesitaba experimentar a Jesús de una manera única y personal.

Tomás no sólo observó las pruebas de la resurrección de Jesús, sino que sólo él recibió la invitación de meter las manos en las llagas de Jesús. Aceptó la verdad que le haría libre. Aceptó la seguridad que resolvería el dolor de su alma. Cambió la incertidumbre por una vida de fe resistente. A través de Jesús, Tomás adquirió el valor suficiente para creer.

No te pierdas el orden de las palabras de Jesús. *Primero* fue la invitación, **pidiendo a Tomás que se acercara.** *Luego vino* el imperativo: "Y no seas incrédulo, sino hombre de fe." (Juan 20:27). Jesús no dice: "Tomás, deja de dudar y entonces te dejaré acercarte a Mí".

Antes de que Jesús diera una orden, inició la restauración. Jesús no se alejó de Tomás, y no se aleja de nosotros. No somos la suma total de nuestros peores momentos. Somos conocidos, deseados y amados por el Dios que nos creó. No importa lo que hayamos hecho o lo que nos hayan hecho, cuando nos encontramos con Jesús, estamos invitados a entrar. Él no quiere que esperemos a tenerlo todo resuelto para acercarnos a Él. Quiere que sigamos apareciendo. Quiere que nos acerquemos incluso cuando todavía estamos en medio del desorden. . .

- En medio de nuestra confusión.
- En medio de nuestras preguntas.
- En medio de nuestra batalla.
- En medio de nuestra incertidumbre.

Porque más que nada, necesitamos un encuentro con Jesús. *Ése es el secreto.* Podemos acercarnos a Él en una relación a través de la oración y la adoración. Su presencia es el antídoto contra el veneno del miedo y la duda. Podemos enfrentar cualquier cosa cuando la enfrentamos con Jesús. Aunque *nos parezca que está* distante, nunca nos abandona. Aunque *parezca que no* le oímos, Él está ahí. Él quiere que nos acerquemos lo suficiente a Él para entender Su carácter con precisión... lo suficientemente cerca de Su Palabra para saber quién es Él... lo suficientemente cerca de la conciencia de Su presencia en nuestra vida para que sepamos que nunca estamos solos. Al hacerlo, aprendemos a caminar por fe.

Este fue el momento decisivo para Tomás. Completamente convencido, todas sus preguntas e incertidumbres se disiparon en presencia de su Salvador resucitado. Con plena entrega, Tomás exclamó: "**¡Señor mío y Dios mío!**". (Juan 20:28). El original griego dice literalmente: "El Señor de mí y el Dios de mí". Al llamarle "Señor", Tomás utilizó la palabra *Kurios*, que significa "dueño de mi vida". Invitó a Jesús a tener el pleno control de su vida y de su futuro.

Aquel encuentro marcó para siempre a Tomás. A partir de ese momento, permaneció entregado al Reino de Dios. No hay constancia de que volviera a dudar de la presencia y el propósito que Jesús tenía para él. Durante todo el tiempo que Jesús pasó con Tomás, lo conoció como un hombre que tenía el valor de cuestionar y la valentía de creer. Sabía que Tomás se enfrentaría a una intensa persecución en los días venideros, y lo preparó para que se mantuviera firme. Quería que Tomás recordara que Él estaría siempre con él, dándole la capacidad de creer en cosas aún mayores. A través del ejemplo de Tomás, otros pondrían su fe en Jesús.

La fe trae bendiciones

Jesús marca nuestras vidas con el propósito del Reino. Puede que todavía tengamos momentos en los que la duda intente asomar su cabeza fea, pero no tiene por qué desbaratarnos. Jesús nos ama demasiado como para dejarnos en un estado de duda. La misma orden que le dio a Tomás, nos la da a nosotros: "no seas incrédulo, sino hombre de fe." (Juan 20:27). A medida que crece nuestra relación con Él, disminuyen nuestras dudas. A medida que leemos Su Palabra, nuestra fe aumenta.

Romanos 10:17 (RV60) dice: "Así que la fe viene por el oír, y el oír, por la palabra de Dios". Su Palabra provee las respuestas que necesitamos para vencer la duda y cumplir con el destino que Dios nos ha dado. Su Palabra nos da la base firme para la fe que no falla. Al final de este capítulo, hemos incluido versículos de las Escrituras para ayudar a cambiar las dudas por la verdad de Dios y construir una vida de fe valiente.

Juan 20:29-31 comparte la conclusión del encuentro entre Tomás y Jesús: " 'Porque me has visto, has creído', le dijo Jesús". Sus siguientes palabras se dirigieron a todos los creyentes venideros, incluida nuestra generación: "Dichosos los que no han visto y sin embargo creen. Jesús hizo muchas otras señales en presencia de sus discípulos, las cuales no están registradas en este libro. Pero estas se han escrito para que ustedes crean que Jesús es el Cristo, el Hijo de Dios, y para que al creer en su nombre tengan vida." A diferencia de Tomás y los apóstoles, nosotros no podemos ver a Jesús aquí con nosotros en forma corporal. Sin embargo, a lo largo de este libro, hemos compartido muchas razones para poner nuestra fe en Él. Cuando lo hacemos, experimentamos una vida bendecida por Dios.

Encontramos tanto la definición como la demostración de la fe en Hebreos 11:1-3, "Ahora bien, la fe es tener confianza en lo que esperamos es tener certeza de lo que no vemos. Gracias a ella recibieron un testimonio favorable nuestros ancestros. Por la fe entendemos que el universo fue formado por la palabra de Dios, de modo que lo visible no provino de lo que se ve". El versículo 6 aporta esta importante verdad: "sin fe es imposible agradar a Dios, ya que cualquiera que se acerca a Dios tiene que creer que él existe y que recompensa a quienes lo buscan."

La fe valiente cree que Dios existe y que bendice a quienes confían en Él. La confianza cree incluso cuando no puede ver.

Cuando observamos el Salón de los Héroes en el capítulo 11 de Hebreos, nos damos cuenta de que se mantuvieron firmes en su fe sin ver todo lo que se les había prometido. En los versículos 39-40 leemos: "Aunque todos obtuvieron un testimonio favorable mediante la fe, ninguno de ellos vio el cumplimiento de la promesa. Esto sucedió para que ellos no llegaran a ser perfectos sin nosotros, pues Dios nos había preparado algo mejor."

Puede que no recibamos el cumplimiento de una promesa durante nuestra vida. Sin embargo, podemos confiar en lo que Dios ha planeado. Sólo en la eternidad veremos por fin cómo nuestra fe unió sus brazos a los de otros creyentes. Allí, con Tomás y los que llenan las páginas de las Escrituras, ocuparemos nuestro lugar. Hasta entonces, dejamos un legado de fe al sembrar en la siguiente generación.

De cerca con Angela

Para mi padre, Jim Argue fue un cuñado y el más íntimo de los amigos durante más de cincuenta años. Para mí, era un tío, profundamente admirado y muy querido. La vida del reverendo Jim Argue estuvo marcada por una sola frase: "La fe es la confianza inquebrantable en el carácter de Dios". Esto nunca se puso más a prueba que en los últimos años de su vida.

Dios me permitió ser testigo de un momento sagrado en la última semana de vida de mi tío. En un viaje a Missouri para trabajar con mi padre en este libro, nos detuvimos en su casa. Mientras nuestra familia oraba y adoraba junta, le agradecí a él y a mi tía Gloria por su fidelidad y ejemplo para nosotros. Sabía que cuando me fuera sería la última vez que lo vería con vida. Después de muchos años de orar por su curación a este lado del cielo, menos de una semana después, Jim estaba en casa.

Su hijo, mi primo Randy Argue, compartió esto en su funeral:

Los últimos siete años han sido brutales para mi padre. Odiaba que el cáncer le fuera arrebatando la vida poco a poco. Primero se le cayeron los dientes, pero su sonrisa era radiante. Luego fue su mandíbula, luego más mandíbula, pero su actitud seguía siendo positiva. Le quitaron la capacidad de comer y, finalmente, ni siquiera podía hablar. Sus oraciones se redujeron a murmullos. Era difícil entender sus palabras. Pero le dije que sus oraciones eran probablemente más importantes que nunca. Para mí, esos murmullos sonaban como una victoria sobre sus crueles circunstancias. El sufrimiento es tan difícil de entender. Papá se mantuvo fuerte... su fe no vaciló.

Es duro perder a tu héroe y a tu padre el mismo día. Y, sin embargo, eso es exactamente por lo que estaba orando el 11 de agosto de 2021. Estaba sentado en el portón trasero de mi camión, orando para que Dios pusiera fin al sufrimiento de mi padre. El sol calentaba, luego desapareció detrás de las nubes que se formaron, y rayos de luz solar comenzaron a dispararse a través del fondo del valle. En ese momento, el Espíritu de Dios me habló:

"Incluso cuando no puedes verme, tengo el control. Siempre estoy trabajando".

Y fue entonces cuando el sufrimiento, la tristeza, e incluso mis preguntas, fueron disipadas por la abrumadora presencia del amor de Dios. Entonces el espectáculo de luz se desvaneció; los rayos de sol disminuyeron. Miré al cielo y pregunté en voz alta: "Te lo has llevado, ¿verdad?". Justo entonces, mi madre envió un mensaje de texto diciendo que papá se había ido. Ni siquiera terminé de leer el mensaje. Mis oraciones habían sido escuchadas. Levanté los brazos y grité como si estuviera en un partido de béisbol: "¡Lo lograste! Lo has conseguido".

Mi tío Jim vivió una vida de fe valiente. A nosotros también se nos invita a acercarnos lo suficiente a Jesús para que la fe se convierta en el motor de nuestras vidas. Ése es el lugar donde "el sufrimiento, la tristeza e incluso nuestras preguntas son consumidas por la abrumadora presencia del amor de Dios".

De cerca con Hubert

A los once años decidí buscar las bendiciones de Dios. Mi padre me sugirió que memorizara los seis primeros versículos del Salmo 1. Escribí las palabras en una tarjeta de 3 x 5 y la coloqué en un estante de mi habitación donde la veía todos los días. Cuando empecé a memorizarlo, tomé una decisión: le tomaría la palabra a Dios. Creía que Dios me bendeciría si seguía las instrucciones del Salmo 1.

El Salmo 1:1-2 dice:

> Dichoso es quien
> no sigue el consejo de los malvados,
> ni se detiene en la senda de los pecadores,
> ni se sienta en la reunión de los burladores,
> sino que en la Ley del SEÑOR se deleita
> y día y noche medita en ella.

Vi estos versículos como una base sobre la que construir las bendiciones de Dios en mi vida. Pasé tiempo cada semana meditando en la Palabra de Dios y adquiriendo una comprensión de lo que significa ser bendecido por Dios.

La bendición se define como "el favor y la protección de Dios". Se define además de esta manera: "algo beneficioso por lo que uno está agradecido; algo que trae bienestar". Vi en Génesis 12:1-4 cómo Dios usó las palabras *bendecir* y *bendición* cuando le habló a Abraham.

> El SEÑOR dijo a Abram: "Deja tu tierra, tus parientes, la casa de tu padre y ve a la tierra que te mostraré.
>
> Haré de ti una nación grande
> y te bendeciré;
> haré famoso tu nombre
> y serás una bendición.
> Bendeciré a los que te bendigan
> y maldeciré a los que te maldigan;

¡por medio de ti serán bendecidas
todas las familias de la tierra.

Abram partió, tal como el SEÑOR se lo había ordenado.

Aprendí lo que Dios quería decir cuando le dijo a Abraham: "¡por medio de ti serán bendecidas todas las familias de la tierra!" (Génesis 12:3). Esto contenía la promesa de que Jesús nacería en el linaje de Abraham y la gente de todo el mundo podría recibir las bendiciones de Dios creyendo en Jesús.

El Salmo 1:3 comparte una metáfora de la persona bendecida por Dios:

Es como el árbol plantado a la orilla de un río
que, cuando llega su tiempo, da fruto
y sus hojas jamás se marchitan.
Todo cuanto hace prospera.

Tomé esto como la evidencia de la bendición: buena salud y prosperidad, que yo sabía que quería. Simplemente creía que había encontrado la provisión de Dios para mi vida. Quería ser un "hombre bendecido".

El Salmo 1:6 concluye diciendo: "Porque el SEÑOR cuida el camino de los justos, más la senda de los malvados lleva a la perdición". He aquí nuestra promesa para el futuro: cuando elegimos el camino de Dios, las bendiciones nunca terminan. Estoy muy agradecida de que mi padre se preocupara lo suficiente como para animarme a memorizar el Salmo 1.

Estoy agradecido por las bendiciones del Señor—mi esposa y familia que tanto disfruto, nuestros amigos donde pastoreamos, mi tiempo como administrador en Evangel University, y las provisiones financieras que han suplido nuestras necesidades. Sigamos creyendo en Jesús y veamos sus continuas bendiciones venir hacia nosotros.

Acércate

Enseñanza aprendida
Acércate . . . Deja de dudar y cree

1. Algunos de nosotros, sin siquiera darnos cuenta, hemos permitido que nuestra fe se erosionara a través de unas palabras: *a menos que*. La fe sustituye las palabras "a menos que" por "a *pesar de*". ¿Hay un "*a menos que*" en tu vida que necesita ser reemplazado por "*a pesar de*"?

2. Su Palabra proporciona las respuestas que necesitamos para superar la duda y cumplir el destino que Dios nos ha dado. Su Palabra nos da la base firme para la fe que no falla.

   Más adelante, en "Cambia tus dudas por una fe valiente", exploramos varias dudas potenciales y las respuestas de Dios. ¿Cuál es la que más te ha llamado la atención? Considera escribir uno de los versículos a continuación, guárdalo en un lugar visible y memorízalo.

3. Con plena entrega, Tomás exclamó: "**¡Señor mío y Dios mío!**". (Juan 20:28). El original griego dice literalmente: "El Señor de mí y el Dios de mí". Invitó a Jesús a tener el pleno control de su vida y de su futuro.

   ¿Cómo te ha impactado y acercado a Jesús este estudio de la vida de Tomás?

   Mi oración en mis propias palabras. . .

CAPÍTULO 10

Futuro ilimitado

Jesús está vivo.

Tomás está al otro lado de su crisis de fe.

Nuestra historia ha terminado, ¿verdad?

Ni siquiera está cerca.

Nuestra historia no ha hecho más que empezar.

A lo largo de este libro, hemos destacado cuatro encuentros importantes entre Jesús y Tomás. Nos sentamos en la ladera de la montaña con Tomás cuando Jesús le llamó de entre la multitud y le nombró apóstol. Fuimos testigos del momento en que Tomás habló con valentía y animó a los apóstoles a regresar a Betania a pesar de las condiciones peligrosas. Nos asomamos cuando Tomás le hizo a Jesús las preguntas difíciles sobre el camino al cielo. Y vimos cómo la duda y la decepción desaparecían a medida que las cicatrices de Jesús curaban las heridas que había en él.

Aunque la Biblia no registra más conversaciones entre Tomás y Jesús, él y los apóstoles continuaron experimentando varios encuentros con Él después de Su resurrección. Jesús permaneció en la tierra otros cuarenta días, apareciéndose a muchos y dando pruebas de que estaba vivo.

Hemos visto dos ocasiones en las que Jesús se apareció a los apóstoles mientras se reunían a puerta cerrada. Juan 21 nos dice que se les apareció por tercera vez junto al mar de Tiberíades

(Galilea). Después de una pesca milagrosa, Pedro se dio cuenta de que era el Señor y corrió a la orilla. Jesús entabló una conversación con Pedro que le devolvió de la devastación de su negación y le encargó que cuidara de su pueblo.

En 1 Corintios 15:3-8, el apóstol Pablo enumeró a otras personas que vieron a Jesús después de Su resurrección.

> Porque ante todo les transmití a ustedes lo que yo mismo recibí: que Cristo murió por nuestros pecados según las Escrituras, que fue sepultado, que resucitó al tercer día según las Escrituras, que se apareció a Cefas y luego a los doce. Después se apareció a más de quinientos hermanos a la vez, la mayoría de los cuales viven todavía, aunque algunos han muerto. Luego se apareció a Santiago, más tarde a todos los apóstoles, y por último, como a uno nacido fuera de tiempo, se me apareció también a mí.

Durante los últimos días de Jesús en la tierra, invitó a Tomás y a los apóstoles a acercarse una vez más para recibir sus últimas instrucciones.

Palabras de despedida de Jesús y Ascensión

Fiel a su misión, Jesús eligió pasar sus últimos momentos con sus seguidores más cercanos, impartiendo verdades cruciales sobre sus próximos pasos. En Mateo 28:18-20, Jesús se reunió con ellos en un monte y les dijo: "Se me ha dado toda autoridad en el cielo y en la tierra. Por tanto, vayan y hagan discípulos de todas las naciones, bautizándolos en el nombre del Padre y del Hijo y del Espíritu Santo, enseñándoles a obedecer todo lo que les he mandado a ustedes. Y les aseguro que estaré con ustedes siempre, hasta el fin del mundo".

Tomás sintió que el ministerio terrenal de Jesús pronto llegaría a su fin, y que pronto perdería de vista a su mejor amigo. Sin embargo, recordó conversaciones anteriores en las que Jesús les aseguró que les convendría que Él se fuera para que pudiera venir el Espíritu Santo. Nunca estarían solos. Jesús estaría ahora con ellos a través de la persona del Espíritu Santo, que no sólo estaría *con* ellos, sino *en* ellos.

Sus discípulos escuchaban atentamente a Jesús mientras les explicaba la importancia de esperar al Espíritu Santo que habitaría en ellos. En Hechos 1:4-5 les dijo: "No se alejen de Jerusalén, sino esperen la promesa del Padre, de la cual les he hablado: Juan bautizó con agua, pero dentro de pocos días ustedes serán bautizados con el Espíritu Santo." Cuando Juan el Bautista bautizó a Jesús en agua, dijo a la gente: "Él [Jesús] os bautizará con Espíritu Santo y fuego" (Mateo 3:11). El versículo 8 de los Hechos continúa: "Pero cuando venga el Espíritu Santo sobre ustedes, recibirán poder y serán mis testigos tanto en Jerusalén como en toda Judea y Samaria, hasta en los confines de la tierra"

Había llegado el momento. Jesús levantó las manos y los bendijo. Mientras los bendecía, ascendió al cielo. En Hechos 1:9-11 Lucas escribe: "Habiendo dicho esto, mientras ellos lo miraban, fue llevado a las alturas hasta que una nube lo ocultó de su vista. Ellos se quedaron mirando fijamente al cielo mientras él se alejaba. De repente, se les acercaron dos hombres vestidos de blanco que les dijeron: 'Galileos, ¿qué hacen aquí mirando al cielo? Este mismo Jesús, que ha sido llevado de entre ustedes al cielo, vendrá otra vez de la misma manera que lo han visto irse'".

Al igual que cuando Jesús abandonó la tumba vacía, este acontecimiento final de su vida terrenal también está marcado por la aparición de dos ángeles. En ambas ocasiones, se dejaron ver y oír. Sus preguntas son reveladoras. En la resurrección, preguntaron a María, la madre de Jesús, y a María Magdalena: "¿Por qué buscan ustedes entre los muertos al que vive? No está aquí, ¡ha resucitado!" (Lucas 24:5-6). En la Ascensión, se dirigieron a Tomás y a los apóstoles: "¿qué hacen aquí mirando al cielo"? (Hechos 1:11), diciendo que Él volverá un día, como se fue.

Ahora, mientras esperamos su llegada, quizá nos preguntarían: "¿Por qué buscan otras cosas más que el regreso de Jesús?" La Escritura nos dice que Jesús también tiene una pregunta para nuestra generación: "cuando venga el Hijo del hombre, ¿encontrará fe en la tierra?" (Lucas 18:8). Jesús busca a los que tienen el valor de creer.

Marcos 16:19 nos dice dónde está y qué está haciendo ahora. "Después de hablar con ellos, el Señor Jesús fue llevado al cielo y se sentó a la diestra de Dios". Pablo escribe en I Timoteo 3:16, que Él "fue arrebatado en gloria". El libro de Hebreos comparte que Jesús es el Mediador que reconcilia a la humanidad con el Padre. Él salva a los que se acercan a Dios por medio de Él e intercede en su favor. En un mundo atormentado por la división y la confusión, sus seguidores sienten el efecto de su amor y cuidado.

Hebreos 9:24, 28 afirma que Él "se presenta ahora ante Dios" y "aparecerá por segunda vez ya no para cargar con pecado alguno, sino para traer salvación a quienes lo esperan". Jesús está activo en una posición de poder y autoridad y un día regresará como Rey de Reyes. El Evangelio de Lucas nos dice que estemos expectantes porque nadie sabe el día ni la hora. Lucas continúa: "Verán entonces al Hijo del hombre venir en una nube con poder y gran gloria. Cuando comiencen a suceder estas cosas, cobren ánimo y levanten la cabeza, porque se acerca su redención." (Lucas 21:27-28) Él regresará para llevarse a cada persona que lo aceptó como su Salvador a vivir con Él por la eternidad. En un mundo de incertidumbre, una cosa es cierta: Jesús vivió, murió, resucitó y volverá.

Mientras Tomás y los apóstoles se dirigían a Jerusalén, reflexionaron sobre todo lo que habían visto y oído. Pronto recibirían el poder del Espíritu Santo para comunicar eficazmente el Evangelio de Jesucristo dondequiera que fueran.

El Espíritu Santo prometido

Tomás optó por aceptar el plan de Dios que se desarrollaba en su vida. Confió en que Jesús haría sólo lo mejor para él. En obediencia, él y los apóstoles llegaron pronto al aposento alto. Hechos 2 nos dice que un total de 120 seguidores de Jesús, incluidas algunas mujeres, se reunieron allí. Aunque ninguno de ellos comprendía del todo cómo sería el derramiento del Espíritu Santo, esperaban el cumplimiento de la promesa.

Después de diez días, orando y adorando a Dios, Hechos 2:1-4 dice:

> Cuando llegó el día de Pentecostés, estaban todos juntos en el mismo lugar. De repente, vino del cielo un ruido como el de una violenta ráfaga de viento y llenó toda la casa donde estaban reunidos. Aparecieron entonces unas lenguas como de fuego que se repartieron y se posaron sobre cada uno de ellos. Todos fueron llenos del Espíritu Santo y comenzaron a hablar en diferentes lenguas, según el Espíritu les concedía expresarse.

Esto marcó un nuevo comienzo para Tomás y los apóstoles. Su unidad y su voluntad de esperar dieron paso a la presencia y el poder del Espíritu Santo. Ya no se encerrarían tras puertas cerradas. En lugar de ello, llevarían el Evangelio a los rincones más recónditos del mundo, y todo comenzó en ese mismo momento. No tenemos motivos para pensar que Tomás se sintiera nervioso o temeroso de recibir la plenitud del Espíritu Santo. Creyó en las palabras de Jesús recogidas en los capítulos 14-16 de Juan:

- El Espíritu Santo será Consolador y Consejero para ustedes. (Juan 14:26)
- "El Espíritu de la verdad... vive con ustedes y estará en ustedes". (Juan 14:17)
- "El Consolador... les hará recordar todo lo que he dicho" (Juan 14:26)
- "Él testificará acerca de mí". (Juan 15:26)
- "Él me glorificará". (Juan 16:14)

Tomás debió de sentirse abrumado por la emoción y el asombro al ver que todo lo que Jesús había prometido se convertía ahora en parte integrante de su vida.

Hechos 2:5-12 continúa:

Estaban de visita en Jerusalén judíos piadosos, procedentes de todas las naciones de la tierra. Al oír aquel bullicio, muchos corrieron al lugar y quedaron todos pasmados porque cada uno los escuchaba hablar en su propio idioma. Desconcertados y maravillados, decían: "¿No son galileos todos estos que están hablando? ¿Cómo es que cada uno de nosotros los oye hablar en su lengua materna? Partos, medos y elamitas; habitantes de Mesopotamia, de Judea y de Capadocia, del Ponto y de la provincia de Asia, de Frigia y de Panfilia, de Egipto y de las regiones de Libia cercanas a Cirene; visitantes llegados de Roma; judíos y convertidos al judaísmo; cretenses y árabes: ¡todos por igual los oímos proclamar en nuestra propia lengua las maravillas de Dios!" Desconcertados y perplejos, se preguntaban: "¿Qué quiere decir esto?".

No era un día cualquiera. Dios ordenó este día *en particular* en el que los judíos que se habían dispersado por todo el mundo conocido se encontraban en Jerusalén para celebrar una fiesta. En el día de Pentecostés, reservado como fiesta de la cosecha para los judíos, Dios derramó Su Espíritu de una manera que encendió una "cosecha de almas". Personas de diversas naciones se reunieron fuera del aposento alto al oír a los 120 hablar en sus lenguas nativas. Sabían que eran lenguas que Tomás y los demás nunca habían aprendido. Este milagroso medio de comunicación de Dios dio testimonio de la presencia y el poder de su Espíritu en acción. También confirmó la autenticidad del ministerio de los apóstoles que pronto seguiría. El Evangelio ya no se limitaría a la lengua hebrea. Ahora, el mensaje de salvación a través de Jesucristo llegaría a personas de todas las naciones.

Momentos después, Pedro se levantó y se dirigió con valentía a la multitud que se había reunido, incluidos algunos que habían consentido la crucifixión de Jesús. Tomás observó con asombro cómo Dios empezaba a utilizar a su amigo de una manera diferente a la que había visto antes. Nada volvería a ser igual. El resto de Hechos 2 comparte el fascinante mensaje de Pedro. Les dijo que este acontecimiento sobrenatural que estaban viviendo cumplía el plan de Dios, revelado al profeta Joel cientos de años antes. Joel 2:28-29 dice:

> Después de esto,
> derramaré mi Espíritu sobre todo ser humano.
> Los hijos y las hijas de ustedes profetizarán,
> tendrán sueños los ancianos
> y los jóvenes recibirán visiones.
> En esos días derramaré mi Espíritu
> aun sobre los siervos y las siervas.

También incluyó las palabras de Joel 2:32: "Todo el que invoque el nombre del Señor será salvo".

Pedro recordó a la multitud cómo habían sido testigos del poder de Dios en el ministerio de Jesús. Les dijo que habían dado muerte a Jesús, con la ayuda de los romanos, y que él había visto a Cristo resucitado. Al oír esto, a la multitud se le "encogió el corazón" y preguntó a Pedro y a los demás apóstoles: "Hermanos, ¿qué haremos?" (Hechos 2:37). Pedro respondió, como está escrito en los versículos 38-39: "'Arrepiéntase y bautícese cada uno de ustedes en el nombre de Jesucristo para perdón de sus pecados', contestó Pedro, 'y recibirán el don del Espíritu Santo. En efecto, la promesa es para ustedes, para sus hijos y para todos los que están lejos; es decir, para todos aquellos a quienes el Señor, nuestro Dios, llame.'"

El poder del Espíritu Santo se posó con tal evidencia sobre el mensaje de Pedro que tres mil personas entregaron inmediatamente sus vidas a Cristo. Tomás y los demás apóstoles pasaron todo el día orando con la gente y bautizándola en agua.

Este grupo formó la primera iglesia, reuniéndose y escuchando las enseñanzas de los apóstoles. Este glorioso día marcó el comienzo de la iglesia del primer siglo, una comunidad de cristianos que con el tiempo bendeciría al mundo entero.

Tomás y los demás actuaron con poder y audacia para dar testimonio a los demás de Cristo resucitado. Sin embargo, lo hicieron enfrentándose a una oposición extrema. El clima político y religioso que rodeó la crucifixión y resurrección de Jesús no se calmó. La persecución no hizo más que intensificarse. Tanto los dirigentes judíos como los romanos querían detener la difusión del mensaje evangélico. El viaje de Tomás y los apóstoles supuso un gran beneficio para el reino de Dios. Sin embargo, su compromiso les costaría la vida.

¿Será siempre fácil nuestro camino como cristianos? Al igual que Tomás, experimentaremos momentos en los que el costo sea grande. Podemos estar seguros de que el amor y la gracia de Dios nos bastarán en toda circunstancia. Romanos 5:5 dice: "Y esta esperanza no nos defrauda, porque Dios ha derramado su amor en nuestro corazón por el Espíritu Santo que nos ha dado." En *Don't Miss Out: Daring to Believe Life Is Better with the Holy Spirit*, Jeannie Cunnion escribe: "Su Espíritu es una prueba más de cuánto nos ama. Es una prueba de lo mucho que Él nos valora. No pone su mismo Espíritu en algo que no le es inmensamente precioso. Y a través del poder de Su Espíritu en nosotros, podemos tener más que una perspectiva esperanzadora en nuestro sufrimiento. Podemos sobrenaturalmente abundar y prosperar en esperanza".[1]

Cuando nos enfrentamos a situaciones que parecen imposibles, recordamos las palabras de Pablo en Efesios 3:20-21: "Al que puede hacer muchísimo más que todo lo que podamos imaginarnos o pedir, por el poder que obra eficazmente en nosotros, ¡a él sea la gloria en la iglesia y en Cristo Jesús por todas las generaciones, por los siglos de los siglos! Amén."

Como seguidores de Cristo, recibimos fuerza, consuelo y liderazgo a través de la persona del Espíritu Santo. Romanos

8:11 nos anima: "Y si el Espíritu de aquel que levantó a Jesús de entre los muertos vive en ustedes, el mismo que levantó a Cristo de entre los muertos también dará vida a sus cuerpos mortales por medio de su Espíritu, que vive en ustedes." Nuestras fuerzas sólo pueden llegar hasta cierto punto. Amigo, dependemos completamente de la obra del Espíritu Santo en nosotros. Hay mucho más que podríamos decir sobre el Espíritu Santo, y te animamos a que lo estudies por tu cuenta.

Libro de los Hechos

Tomás se convirtió en una parte crucial de cada paso del ministerio de los apóstoles en Jerusalén y más allá. A medida que avanzamos en el libro de los Hechos, ya no lo vemos como un espectador desconocido de una aldea desconocida. Tomás ya no es sólo un hombre al que el Maestro enseñaba o un tímido seguidor inseguro de lo que creía. Tomás avanzó como un líder confiado que pronto sería utilizado por Dios para hacer avanzar el Evangelio. Lograría un impacto duradero para Jesús entre la gente de otras tierras. Pero primero, él y los apóstoles tendrían un ministerio poderoso y eficaz en Jerusalén y sus alrededores.

Mientras compartían el mensaje de salvación a través de Jesucristo, el capítulo 5 de Hechos nos dice que muchas señales milagrosas y prodigios los acompañaban. Los versículos 14-16 nos dicen:

> Y seguía aumentando el número de los que creían en el Señor. Era tal la multitud de hombres y mujeres que hasta sacaban a los enfermos a las plazas y los ponían en camillas para que, al pasar Pedro, por lo menos su sombra cayera sobre alguno de ellos. También de los pueblos vecinos a Jerusalén acudían multitudes que llevaban personas enfermas y atormentadas por espíritus malignos, y todas eran sanadas.

Dios utilizó a Tomás de forma asombrosa para llevar esperanza y curación a los demás. El hombre que antes dudaba en creer ahora invitaba a otros a experimentar lo milagroso y a conocer a Cristo por sí mismos. A medida que muchas personas depositaban su fe en Jesús, Tomás y los demás se enfrentaban a duras reacciones por parte de la jerarquía judía. Pedro y Juan fueron arrestados por predicar en las calles de Jerusalén y encarcelados durante la noche. Al ser liberados, se les ordenó no hablar ni enseñar en el nombre de Jesús. No pudieron obedecer esta orden. En lugar de ello, dijeron valientemente a los líderes que debían escuchar a Dios y contar las cosas que habían visto y oído de Jesús.

Tomás se mantuvo involucrado en todo lo que hacían los apóstoles. Ayudó a resolver los conflictos que se produjeron en la iglesia primitiva establecida en Jerusalén. Uno de ellos se describe en Hechos 6:1-2: "En aquellos días, al aumentar el número de los discípulos, se quejaron los judíos de habla griega contra los de habla hebrea de que sus viudas eran desatendidas en la distribución diaria de los alimentos. Así que los doce reunieron a toda la comunidad de discípulos y les dijeron: "No está bien que nosotros los apóstoles descuidemos el ministerio de la palabra de Dios para servir las mesas'". Los apóstoles decidieron que siete hombres, conocidos por estar llenos del Espíritu y de sabiduría, fueran elegidos para atender a las viudas. Tomás y los demás apóstoles impusieron las manos sobre los siete hombres y oraron para que Dios obrara poderosamente a través de ellos.

Hechos 6 comparte la tierna historia de uno de los siete elegidos. El versículo 8 nos dice: "Esteban, hombre lleno de la gracia y del poder de Dios, hacía grandes prodigios y señales entre el pueblo". Algunos de los dirigentes judíos empezaron a discutir sus enseñanzas, pero "como no podían hacer frente a la sabiduría ni al Espíritu con que hablaba Esteban" (Hechos 6:10) levantaron falsas acusaciones contra él y le hicieron comparecer ante el Sanedrín.

Después de su poderoso sermón, Hechos 7:54-60 dice:

Al oír esto, rechinando los dientes, se enojaron mucho contra él. Pero Esteban, lleno del Espíritu Santo, fijó la mirada en el cielo y vio la gloria de Dios y a Jesús de pie a la derecha de Dios. "¡Veo el cielo abierto", exclamó, "y al Hijo del hombre de pie a la derecha de Dios"! Entonces ellos, gritando a voz en cuello, se taparon los oídos y todos a una se abalanzaron sobre él, lo sacaron a empellones fuera de la ciudad y comenzaron a apedrearlo. Los acusadores encargaron sus mantos a un joven llamado Saulo. Mientras lo apedreaban, Esteban oraba. "Señor Jesús", decía, "recibe mi espíritu". Luego cayó de rodillas y gritó: "¡Señor, no les tomes en cuenta este pecado!" Cuando hubo dicho esto, murió.

Sólo podemos imaginar la angustia que sintió Tomás ante la pérdida de un hombre al que había ayudado a elegir y encargar. Como consecuencia de la persecución, muchos creyentes se dispersaron por Judea y Samaria. Incluso ante el peligro de muerte, él y los apóstoles permanecieron en Jerusalén para supervisar la iglesia y resolver los problemas que surgían. Una de esas discusiones involucró a Saulo de Tarso, quien dio el visto bueno a la ejecución de Esteban.

Saulo, a quien ahora conocemos como el apóstol Pablo, vivió como un líder judío devoto que no creía que Jesús pudiera ser el Mesías. Persiguió a los cristianos y trató de matarlos por su fe en Jesucristo. Poco después de la lapidación de Esteban, se dirigió a Damasco para arrestar a los creyentes y llevarlos de vuelta a Jerusalén. De repente, cayó de su caballo al tener una visión del Señor. Jesús le dijo: "Saulo, Saulo, ¿por qué me persigues?". (Hechos 9:4). Golpeado al instante por la ceguera, recibió la oración de un hombre llamado Ananías. Dios le devolvió la vista. A raíz de este encuentro milagroso, Saulo entregó su vida por completo a Jesús y comenzó a predicar el mensaje del Evangelio en Damasco y sus alrededores. Los líderes judíos de la zona empezaron a conspirar para que lo mataran. Saulo el perseguidor se convirtió en Saulo el perseguido.

Unos compañeros le condujeron de noche a Jerusalén. Lo llevaron ante los apóstoles, que al principio se mostraron reacios a creer su historia de conversión. Tras escuchar el testimonio de Saulo sobre lo sucedido en Damasco y su audacia posterior para predicar, Tomás y los apóstoles dieron su aprobación para que Saulo fuera apóstol. Tomás desempeñó un papel decisivo en el inicio de su ministerio. Pablo evangelizó muchas naciones y escribió más de un tercio del Nuevo Testamento.

Tomás y los apóstoles continuaron esforzándose en su liderazgo y comprensión de lo que Jesús esperaría de ellos. Tras la conversión y aceptación de Pablo, Pedro se encontró en el centro de un conflicto. Tuvo una visión de Dios en la que Dios le decía que fuera con tres hombres a Cesárea. Al llegar a casa de Cornelio, predicó sobre la muerte y resurrección de Jesús a un grupo de gentiles que creyeron inmediatamente. Pedro vio que Dios no sólo aceptaba a los judíos, sino también a los gentiles, y los bautizó en agua.

Cuando los cristianos judíos de Jerusalén se enteraron de sus conversiones, Pedro fue duramente criticado. Tomás y los apóstoles convocaron una reunión y quedaron atónitos al escuchar su explicación. En Hechos 11:15, 17 Pedro dijo: "Cuando comencé a hablarles, el Espíritu Santo descendió sobre ellos tal como al principio descendió sobre nosotros. ¿quién soy yo para pensar que puedo estorbar a Dios?" Después de que los apóstoles discutieran el asunto, no tuvieron más objeciones y alabaron a Dios porque había concedido incluso a los gentiles el arrepentimiento y la salvación.

A través de Pablo, Pedro, Tomás y los demás apóstoles, el ministerio se extendió más allá de Jerusalén, a las regiones circundantes. Cada día se añadían creyentes a la iglesia y el rey Herodes intentaba detener la expansión del evangelio. Sucedió lo inevitable. Arrestó a algunos de los creyentes y mandó matar al apóstol Santiago. También encarceló a Pedro con la intención de matarlo, pero mientras la iglesia oraba, Dios milagrosamente liberó a Pedro. A pesar de tan extrema persecución, Hechos

12:24 declara victoriosamente: "Pero la palabra de Dios seguía extendiéndose y difundiéndose".

Tomás fue partícipe de acontecimientos y decisiones cruciales que afectaron al curso de la Iglesia e influyeron en las generaciones venideras. Su historia nos muestra cómo Dios puede utilizar a cualquiera. Este joven corriente, sacado de entre la multitud, se convirtió en uno de los pilares de la Iglesia primitiva. Como apóstol, Tomás demostró ser un líder influyente, mensajero y "enviado", designado por Jesús para predicar el Evangelio del Reino.

El libro de los Hechos no tiene un *Amén* al final, ningún cierre. Hoy, la Iglesia tiene la misma misión y el mismo ministerio encomendados a Tomás: llevar el Evangelio de Jesucristo por el poder del Espíritu Santo *hasta que todos lo hayan oído.*

El futuro

La misión que Dios asignó a Tomás le llevó al subcontinente indio. Así lo confirman numerosos testimonios históricos, aunque su labor allí no se mencione en el Nuevo Testamento. Hemos incluido sólo algunos de los relatos que hemos explorado durante nuestra investigación.

El escritor y curador de museos Lucien de Guise escribe:

Su título menos usado es "Apóstol de la India". . ..

Cuando la flota de Vasco da Gama llegó a la India en 1498, los portugueses se sorprendieron al encontrar comunidades cristianas florecientes en el sur del subcontinente. Más aún les sorprendió la certeza de los lugareños de que su iglesia había sido fundada por Santo Tomás. No debieron extrañarse, ya que innumerables viajeros, entre ellos Marco Polo, habían afirmado que allí se encontraba la tumba del santo. . ..

Las pruebas de la presencia de Tomás en la India son considerables. . ..

. . . La mayor parte de sus huesos se sacaron de la India en el siglo III y se enviaron a Edesa, en Mesopotamia, donde se reconoció entonces el papel vital del santo en la India.

. . . En el sur de la India, aún utilizan la lengua litúrgica siríaca, un dialecto del arameo que hablaban Jesús y Santo Tomás. Siria fue la base del cristianismo primitivo. . . .

En un momento en que las primeras comunidades cristianas están siendo erradicadas en el Oriente Medio, su legado al menos sigue vivo en la India, gracias a Santo Tomás.[2]

La labor de Tomás en la India llegó a ser notable y generalizada. Numerosas iglesias llevan su nombre y cuentan con devotos seguidores en la India. Múltiples fuentes confirman que Tomás murió asesinado por una lanza en la costa malaya de la India en el año 72 d.C. En *Todos los apóstoles de la Biblia*, Herbert Lockyer escribe: "Tomás fue... martirizado por una lanza que le atravesó el cuerpo mientras estaba arrodillado en oración. Un monumento a su memoria permaneció durante mucho tiempo en este lugar. Los cristianos sirios, asentados en esta costa siglos al menos antes de que los navegantes europeos llegaran a la India, reivindican a Tomás como su fundador".

Cuando el Papa Benedicto XVI visitó la India en 2006, confirmó que Tomás había desembarcado en la India occidental, probablemente en un lugar que forma parte del actual Pakistán. Desde allí difundió el cristianismo por el sur de la India. Se dice que Tomás fue asesinado con una lanza y, por tanto, martirizado en el año 72 d.C. en Mylapore, cerca de Madrás. La basílica de San Thome, en Mylapore, situada junto a la tumba de Tomás, fue construida por los colonos portugueses en el siglo XVI.[4]

Una población de cristianos de la costa malaya, en la costa occidental de la India, atribuye su historia de conversión a Tomás. La vida y el legado de Tomás perduran en la India y en nosotros. Lo que él y los miembros de la Iglesia primitiva iniciaron, nuestra generación lo continúa hasta hoy. El número de cristianos aumenta en todo el mundo. La iglesia mundial está viva y goza de buena salud, y es una poderosa expresión del amor de Dios hacia los perdidos, los abatidos, los heridos y los que sufren. Las mejores proyecciones indican que para 2030, cada tribu, lengua y nación habrá recibido el mensaje del evangelio en su idioma.

Eso significa que estamos un día más cerca del momento que Jesús compartió con Tomás y los apóstoles en Juan 14:1-4. Sus palabras ofrecen la seguridad que necesitamos en estos tiempos de incertidumbre. Sus palabras ofrecen la seguridad que necesitamos en estos tiempos de incertidumbre.

> No se angustien. Confíen en Dios y confíen también en mí. En el hogar de mi Padre hay muchas viviendas. Si no fuera así, ¿les habría dicho yo a ustedes que voy a prepararles un lugar allí? Y si me voy y se lo preparo, vendré para llevármelos conmigo. Así ustedes estarán donde yo esté. Ustedes ya conocen el camino para ir adonde yo voy.

Todo lo que conocemos como temporal se está desvaneciendo. Jesús viene. El Cielo será el hogar de todos aquellos que sean lo suficientemente valientes como para creer en Jesucristo como su Señor y Salvador. Allí experimentaremos el encuentro definitivo: le veremos cara a cara. El capítulo 21:10, 14 del Apocalipsis nos dice que también podremos ver el nombre de Tomás exhibido en un lugar significativo por toda la eternidad. El apóstol Juan escribe: "Me llevó en el Espíritu a una montaña grande y elevada, y me mostró la ciudad santa, Jerusalén, que bajaba del cielo, procedente de Dios. La muralla de la ciudad tenía doce cimientos en los que estaban los nombres de los doce apóstoles del Cordero." Y nosotros, queridos amigos, encontraremos nuestros nombres escritos en el Libro de la Vida del Cordero.

Oramos para que, a medida que has ido conociendo a Tomás—el buscador, el escéptico, el seguidor convencido y el líder experimentado—su historia te haya cambiado eternamente. Al igual que Jesús eligió a Tomás, te está eligiendo a ti. Así como Dios marcó a Tomás con el propósito del reino, Dios quiere usarte a ti.

Como conducto de gracia a un mundo roto, llevarás luz a los lugares oscuros y esperanza a los corazones heridos. Serás fortalecido por el Espíritu para hacer lo que Él te llama a hacer e ir a donde Él te llama a ir. Puedes ser audaz... puedes ser intrépido... puedes ser lo valiente para creer.

Así como la iglesia primitiva avanzó en tiempos de persecución, la iglesia del Dios viviente marcha hoy hacia adelante. El Evangelio sigue siendo poder de salvación. Jesús es el mismo ayer, hoy y siempre. Debemos anticipar su venida e invitar a todos los que escuchen a estar preparados. No podemos elegir el silencio y la seguridad; debemos elegir la obediencia y la oportunidad.

No podemos encogernos a un segundo plano ni encerrarnos tras las puertas por miedo. No podemos cambiar una fe inquebrantable por un futuro incierto. *Debemos ser suficientemente valientes para creer.*

No podemos tener miedo a la persecución ni resignarnos a la irrelevancia. No podemos avergonzarnos de las acusaciones ni renunciar a nuestra influencia. *Debemos ser suficientemente valientes para creer.*

Debemos estar decididos a llevar a Jesús a nuestra Jerusalén: nuestros hogares, nuestras escuelas, nuestras ciudades y nuestras iglesias. Debemos *ser lo bastante valientes para creer.*

Debemos estar resueltos a llevar a Jesús a nuestra Judea, a nuestros alrededores, a nuestros amigos no salvos y a nuestra nación. Debemos *ser lo suficientemente valientes para creer.*

Debemos estar decididos a llevar a Jesús a Samaria, a los que se sienten marginados y olvidados, a los lisiados por decisiones de las que se arrepienten, a los que tienen demasiado miedo o están demasiado golpeados para poner un pie en una iglesia.

Debemos llevarlos a Jesús. Debemos *ser suficientemente valientes para creer.*

Debemos estar decididos a llevar a Jesús a los confines del mundo, a los inalcanzados que aún no han oído su nombre, a los que ocupan puestos de poder y autoridad, y a los que necesitan un encuentro con Cristo en el Camino de Damasco.

Podemos orar.

Podemos hablar.

Podemos compartir.

Podemos irnos.

Podemos dar.

Nosotros, querido amigo, debemos ser lo suficientemente valientes para creer.

Agradecimientos

Reverendo Hubert Morris

Gracias a mi esposa, Glenda, por orar fielmente por mí y escuchar pacientemente durante muchas horas desde otras habitaciones de la casa mientras yo hablaba emocionado, a menudo en voz alta, por teléfono con Angela para escribir nuestras palabras para este libro.

Gracias a mi papá, Hubert Morris Sr., y a mi mamá, Sallie Morris, por influenciarme y motivarme con su profundo amor por la Palabra de Dios mientras crecía. Admiraba la excelente predicación de papá y la fidelidad de mamá para enseñar la clase bíblica para adultos en su iglesia hasta que tuvo más de ochenta años.

Google Docs tiene un significado totalmente nuevo para mí ahora, sentado delante de un ordenador, viendo cómo se escriben las palabras de Angela, y ella viendo cómo se escriben las mías al mismo tiempo mientras hablamos por teléfono.

Gracias a nuestros patrocinadores por sus palabras de aliento y apoyo. Estamos muy agradecidos.

Reverenda Angela Donadio

Gracias, papá, por impartir tu ilimitado amor por la Palabra de Dios y tu profunda visión de la vida de Tomás en esta obra de amor. Escribir este libro contigo es una de las experiencias más significativas de mi vida. Estoy agradecida, no sólo por el testimonio fiel que vives, sino por el legado que dejas a través de este libro. Qué regalo ha sido para mí.

Gracias a mi madre, Glenda Morris, que ama tanto a mi padre, ama tanto a sus hijas y a su familia, y tanto nos educó para amar a Jesús. Gracias por compartir a mi padre conmigo en innumerables llamadas telefónicas y visitas en persona mientras trabajábamos en este libro. Tus huellas se encuentran en estas queridas páginas.

Gracias a mi familia extendida, mi familia en el cielo, mi familia de la Iglesia Río de Vida, y mis amigos cerca de casa y alrededor del mundo. Cada uno de ustedes ha tenido un profundo impacto en mi vida.

Mi padre y yo deseamos dar las gracias a los hombres y mujeres que han respaldado amablemente este libro sobre la vida de Tomás. Admiramos su liderazgo y amor por Dios y Su Palabra. Gracias a nuestra familia editora de Iron Stream: Suzanne Kuhn, Larry J. Leech II, Bradley Isbell y otros que prestaron su tiempo y talento a este proyecto. Gracias también a Tawaan Brown por su genio creativo y a Keri Spring por su aguda mirada y su preciada amistad.

Por último, gracias, Jesús. Tú me conoces mejor que nadie y me quieres más.

Cambia tus dudas por una fe valiente

Dudo que la Biblia sea realmente la Palabra de Dios.
La respuesta de Dios:

- Mateo 24:35: "El cielo y la tierra pasarán, pero mis palabras jamás pasarán".
- 2 Timoteo 3:16: "Toda la Escritura es inspirada por Dios y útil para enseñar, para reprender, para corregir y para instruir en la justicia."

Dudo que sea salvo y listo para ir al cielo cuando muera.
La respuesta de Dios:

- 1 Pedro 1:8-9: "Ustedes lo aman a pesar de no haberlo visto; y aunque no lo ven ahora, creen en él y se alegran con un gozo indescriptible y glorioso, pues están obteniendo la meta de su fe, que es su salvación."
- Romanos 10:9: "que si confiesas con tu boca que Jesús es el Señor y crees en tu corazón que Dios lo levantó de entre los muertos, serás salvo".
- Romanos 10:13: "porque 'todo el que invoque el nombre del Señor será salvo.'"

- Juan 11:25-26: "Jesús dijo. . . 'Yo soy la resurrección y la vida. El que cree en mí vivirá, aunque muera; y todo el que vive y cree en mí no morirá jamás. ¿Crees esto?'"

Dudo que Dios me ame.
La respuesta de Dios:

- Juan 3:16: "Porque tanto amó Dios al mundo que le dio a su Hijo único, para que todo el que cree en él no se pierda, sino que tenga vida eterna."

- Romanos 5:6-8: "A la verdad, como éramos incapaces de salvarnos, en el tiempo señalado Cristo murió por los impíos. Difícilmente habrá quien muera por un justo, aunque tal vez haya quien se atreva a morir por una persona buena. Pero Dios demuestra su amor por nosotros en esto: en que cuando todavía éramos pecadores, Cristo murió por nosotros".

- Romanos 8:35-39: ¿Quién nos apartará del amor de Cristo? ¿La tribulación o la angustia, la persecución, el hambre, la desnudez, el peligro o la espada? Así está escrito: "Por tu causa siempre nos llevan a la muerte; ¡nos tratan como a ovejas para el matadero!" Sin embargo, en todo esto somos más que vencedores por medio de aquel que nos amó. Pues estoy convencido de que ni la muerte ni la vida, ni los ángeles ni los demonios, ni lo presente ni lo por venir, ni los poderes, ni lo alto ni lo profundo, ni cosa alguna en toda la creación podrá apartarnos del amor que Dios nos ha manifestado en Cristo Jesús nuestro Señor."

- Efesios 2:4-5: "Pero Dios, que es rico en misericordia, por su gran amor por nosotros, nos dio vida con Cristo, aun cuando estábamos muertos en pecados. ¡Por gracia ustedes han sido salvados!"

- 1 Juan 3:1: "¡Fíjense qué gran amor nos ha dado el Padre, que se nos llame hijos de Dios! ¡Y lo somos! El mundo no nos conoce, precisamente, porque no lo conoció a él".

Dudo que Dios pueda ayudar a mejorar mis relaciones.
La respuesta de Dios:

- Marcos 11:24: "Crean que ya han recibido todo lo que estén pidiendo en oración y lo obtendrán". (Si tienes una promesa bíblica por creer que la respuesta está en camino, sigue creyendo).

- Hebreos 4:16: "Acerquémonos, pues, confiadamente al trono de la gracia, para recibir la misericordia y encontrar la gracia que nos ayuden oportunamente."

- Santiago 1:6: "Pero que pida con fe, sin dudar, porque quien duda es como las olas del mar, agitadas y llevadas de un lado a otro por el viento."

- Hebreos 11:6: "ya que cualquiera que se acerca a Dios tiene que creer que él existe y que recompensa a quienes lo buscan".

- Marcos 9:23: Jesús dijo: "Para el que cree, todo es posible".

Dudo que pueda dejar de estar deprimido y desanimado todos los días.
La respuesta de Dios:

- Mateo 28:20: Jesús dijo: "Y les aseguro que estaré con ustedes siempre, hasta el fin del mundo".

- Filipenses 4:6-7: "No se preocupen por nada; más bien, en toda ocasión, con oración y ruego, presenten sus peticiones a Dios y denle gracias. Y la paz de Dios, que sobrepasa todo entendimiento, cuidará sus corazones y sus pensamientos en Cristo Jesús."

- Juan 7:38-39: Jesús dijo: "De aquel que cree en mí, como dice la Escritura, de su interior brotarán ríos de agua viva. Con esto se refería al Espíritu que habrían de recibir más tarde los que creyeran en él. Hasta ese momento el Espíritu no había sido dado, porque Jesús no había sido glorificado todavía". Efesios 5:18 continúa: "Sean llenos del Espíritu".

- Isaías 25:1:

> SEÑOR, tú eres mi Dios;
> Te exaltaré y alabaré tu nombre,
> porque has hecho maravillas.
> Desde tiempos antiguos tus planes
> Son fieles y seguros.

Dudo que Dios pueda curarme.
La respuesta de Dios:

- 1 Pedro 2:24: "'Él mismo, en su cuerpo, llevó al madero nuestros pecados,' para que muramos al pecado y vivamos para la justicia. 'Por sus heridas ustedes han sido sanados'".

- Santiago 5:14-15: "¿Está enfermo alguno de ustedes? Haga llamar a los líderes de la iglesia para que oren por él y lo unjan con aceite en el nombre del Señor. La oración de fe sanará al enfermo y el Señor lo levantará. Y si ha cometido pecados, sus pecados se le perdonarán".

- Jeremías 30:17:

> "Porque yo restauraré tu salud
> y sanaré tus heridas".
> afirma el SEÑOR.

- Éxodo 23:25: "Adora al SEÑOR, tu Dios, y él bendecirá tu pan y tu agua. Yo apartaré de ustedes toda enfermedad".

- Proverbios 4:20-22:

  > Hijo mío, atiende a mis consejos;
  >   escucha atentamente lo que digo.
  > No pierdas de vista mis palabras;
  >   guárdalas muy dentro de tu corazón.
  > Ellas dan vida a quienes las hallan;
  >   son la salud de todo el cuerpo.

- Santiago 5:16: "Por eso, confiésense unos a otros sus pecados y oren unos por otros, para que sean sanados. La oración del justo es poderosa y eficaz".

Dudo que Dios tenga un plan para mi vida y mi futuro.
La respuesta de Dios:

- Jeremías 1:5:

  > Antes de formarte en el vientre materno ya te había
  > elegido,
  >   antes de que nacieras, ya te había apartado;
  >   te había nombrado profeta para las naciones.

- Jeremías 29:11: "'Porque yo conozco los planes que tengo para ustedes', afirma el Señor, 'planes de bienestar y no de calamidad, a fin de darles un futuro y una esperanza'".

- Esther 4:14: "¡Quién sabe si precisamente has llegado al trono para un momento como este!".

- Romanos 8:28: "Ahora bien, sabemos que Dios dispone todas las cosas para el bien de quienes lo aman, los que han sido llamados de acuerdo con su propósito."

- Salmo 33:11: "Pero los planes del Señor QUEDAN FIRMES para siempre; los designios de su corazón son eternos".

• Proverbios 3:5-6:

> Confía en el SEÑOR DE todo corazón
>   y no te apoyes en tu propia inteligencia;
> reconócelo en todos tus caminos,
>   y él enderezará tus sendas.

La duda desestabiliza. . .. La fe te hace sólido.
La duda retrasa tus decisiones. . .. La fe enmarca tus decisiones.
La duda debilita nuestra capacidad de perseverar en la prueba. .
.. La fe aporta fuerza y nos libera para progresar.
La duda trae confusión. . .. La fe trae confianza.
"En efecto, vivimos por fe, no por vista".
(2 Corintios 5:7)

VALIENTE PARA CREER

CÓMO *la vida de* TOMÁS EL INCREDULO RESPONDE *a nuestras* PREGUNTAS *difíciles*

"LA GUÍA *del* LÍDER"

CAPÍTULO 1

Un anhelo por más

1. Páginas 1 y 2.

   ¿Quién quiere contarnos un caso en el que haya luchado con la duda sobre la tardanza de Dios en responder a una mala situación y cómo vio al Señor salir a su encuentro en su necesidad y cambiar las cosas?

2. Durante la pandemia de Covid, cuéntenos cómo luchó contra la frustración, la ira o incluso cuestionar a Dios por el sufrimiento de la gente. ¿Notó que la pandemia le hizo sentir más hambre de la presencia de Dios y de que se cumpliera Su voluntad en su vida?

3. Páginas 4 y 5.

   ¿En qué momento de su vida se sintió atraído por primera vez a seguir a Jesús?

   ¿A quién le gustaría contarnos cómo fue salvo, ya sea en un servicio religioso o a través del testimonio personal de alguien por Cristo, etc.?

4. ¿Existen formas en las que está siendo perseguido debido a su postura por Jesús?

5. Página 7.

   ¿A quién le gustaría compartir una sanidad milagrosa o una que haya visto en su familia? Cuéntenos cómo fortaleció su fe orar por la sanación de otros.

CAPÍTULO 2

Llamados de entre la multitud

Escritura: Lucas 6:12–16

1. Páginas 19–20.
    ¿Podría expresarnos con palabras la forma en que ha visto al Señor llamarle de entre la multitud para ocupar el lugar que está ocupando, ya sea en su matrimonio, en su trabajo o en la familia de su iglesia?
2. Página 22. ¿Ha tenido alguna experiencia en la que haya creído oír la voz de Dios y luego se haya confirmado que era el Señor?
3. Cuéntenos cuándo recibió la confirmación de una respuesta a la oración al ver que las circunstancias se alineaban de una manera que sólo Dios podría haber hecho posible.
4. Página 23. Habiendo tenido una relación cercana con Jesús, díganos dónde cree que ha tenido un impacto en la cultura que le rodea, como por ejemplo en el trabajo.
5. Página 24. ¿Hubo algún momento en que usted sintió que falló en obedecer al Señor y luchó por saber la diferencia entre la convicción llena de esperanza del Espíritu Santo y la condenación de Satanás que lleva a la desesperanza?

CAPÍTULO 3

Despertar al propósito

1. Página 35. Marcos 3:14–15 comparta: "Jesús señaló a doce para que estuvieran con él y para enviarlos a ...". ¿Le gustaría contarnos una manera en que descubrió la importancia de pasar tiempo con Jesús (estudiando Su palabra y observando a otros creyentes) cuando se dio cuenta que comenzó a tratar demasiado rápido de ministrar a la gente antes de estar preparado para hacerlo?

2. Página 36. De Lucas 19:10, díganos cómo Jesús expresó Su propio propósito de estar en la tierra.

3. Página 41. He aquí una cita del libro: Cuando basamos nuestro valor en la Palabra y no en el mundo, podemos desarraigar las falsas creencias y sustituirlas por verdades bíblicas. Díganos un versículo de la Biblia que le diga cuánto vale a los ojos de Dios. (Como Romanos 5:8, "Pero Dios muestra su amor por nosotros en que, siendo aún pecadores, Cristo murió por nosotros").

4. Página 43. Jesús envió a Tomás y a los otros apóstoles en una misión temporal para hablar del Reino de Dios y llevar liberación y sanación a la gente. Cuéntenos alguna experiencia en la que haya sentido ser enviado por el Señor y haya visto a Dios glorificado cuando alguien entregó su corazón a Jesús o recibió su sanación del cuerpo cuando oró con ellos.

5. Página 49. Los autores hacen estas afirmaciones: "Caminamos en autoridad en la medida en que caminamos bajo autoridad. El propósito del Reino se desarrolla mejor en comunidad y colaboración, no en silos y aislamiento." ¿Cómo interpreta usted el significado de esto? En el contexto de rendir cuentas a otros creyentes, ¿de qué maneras puede cumplir las tareas que Dios le ha encomendado?

CAPÍTULO 4

Una estrategia

Escritura: Juan 11:1–3

1. Página 57. Mire Juan 11, versículo 4, y díganos el resultado final de que Lázaro estuviera enfermo.

2. Página 57. ¿Cuál es el significado de la frase "la gloria de Dios"?

3. Página 59. Hablemos del "tiempo de Dios". Juan 11, versículos 5–6, nos dice que Jesús se quedó dónde estaba dos días más después de enterarse de que Lázaro estaba enfermo, y Lázaro murió. ¿Cómo cree que eso hizo sentir a las dos hermanas de Lázaro, María y Marta, acerca del "tiempo de Dios"? ¿Qué versículos bíblicos podrían ayudarnos cuando nos preguntamos por qué Dios no nos ha respondido como pensábamos que lo haría?

4. Página 61. Hablemos de la "dirección de Dios". En Juan 11, versículos 7–8, Jesús dijo: "Volvamos a Judea". ¿Cuál fue la reacción de todos los apóstoles excepto Tomás? ¿Ve cómo esto fue una "estrategia" para que Tomás revelara su valentía y lealtad a Jesús?

5. Cuéntenos una experiencia en la que se dio cuenta de que Dios quería que hicieras algo diferente o que se mudara a otro lugar, pero le dio excusas para no hacerlo. ¿Cómo resultó?

CAPÍTULO 5

Un paso adelante

1. Página 73. En Juan 11, versículo 16, explique cómo Tomás dio un paso al frente en favor de Jesús. ¿A quién le hablaba Tomás?

2. Página 73. Cuando Tomás dio un paso al frente, ¿cómo describiría el efecto que tuvo en los demás apóstoles?

3. ¿Quién quiere compartir con nosotros una experiencia en la que haya dado un paso al frente por Jesús y el efecto que tuvo en alguien?

4. Página 77. Si se está cuestionando la sabiduría de dar un paso al frente por Jesús en su situación, discuta cómo puede ayudarle "parar, mirar y escuchar."

5. Página 79. Si una persona estuviera arriesgando la vida por seguir a Jesús, ¿qué significa decir que podría tener una muerte lenta por ser complaciente y no hacer nada?

6. Página 84. Jesús llamó a Lázaro para que saliera del sepulcro. Cuando salió, diga cómo se imagina la reacción de Tomás y lo que podría haber dicho o hecho.

7. ¿Cómo ha afectado esta historia sobre Tomás su opinión sobre él?

CAPÍTULO 6

El lugar

Escritura: Juan 14:1–4

1. Página 98. María honró a Jesús derramando perfume caro en sus pies para honrarlo. Alguien pensó que era un desperdicio. ¿Ha tenido alguna ocasión en la que le hayan criticado por hacer un sacrificio por el Señor, ya sea por su donativo económico o por dar de su tiempo o por ayunar y orar?

2. Página 101. Durante la semana anterior a la crucifixión de Jesús, Él trató de preparar a los apóstoles para vivir sin Él en su forma visible y para esperar estar juntos en el futuro. Jesús les dijo: "Sabéis a dónde voy y conocéis el camino". Tomás fue el único lo suficientemente audaz como para decirle a Jesús: "No, no sabemos adónde vas, y no sabemos el camino para llegar allí". ¿Cuáles son algunas de las formas en que Jesús podría haber reaccionado ante Tomás y cuál es la forma en que Él respondió a Tomás?

3. Página 103. ¿Qué palabras usamos a veces para describir la "Casa del Padre"?

4. Página 104–105. ¿Quién está en el cielo?

5. Página 106. ¿Quién no está en el Cielo?

6. Página 107–108. ¿Qué aspecto tiene el Cielo?

CAPÍTULO 7

El camino

1. Página 116. ¿Cómo pondría en palabras la única manera en que Jesús dijo que una persona puede ir a la Casa del Padre?
2. Páginas 116–120. Hay 7 afirmaciones "YO SOY" sobre Jesús que se encuentran en el Evangelio de Juan. Completemos juntos estas afirmaciones:
a. Yo soy el _pan_ de vida (6:35, 48).
b. Yo soy la _luz_ del Mundo (8:12).
c. Yo soy la _Puerta_ del redil [de la ovejas] (10:7, 9).
d. Yo soy el Buen _Pastor_ (10:11, 14).
e. Yo soy la _resurreción_ y la vida (11:25).
f. Yo soy el _camino_, la _verdad_, y la _vida_ (14:6).
g. Yo soy la vid _verdadera_ (15:1).
¿Cuál de estas afirmaciones significa más para usted en este momento de su vida?
3. Página 122. Describa la diferencia entre ser creado a imagen de Dios y ser hijo de Dios. ¿Qué nos dice Juan 1:12 que se requiere de una persona para llegar a ser hijo de Dios?
4. Página 127–128. Cuando Jesús oró en el Huerto de Getsemaní para que se cumpliera la voluntad del Padre, describa el desgaste físico que tuvo Jesús.

CAPÍTULO 8

La ausencia

Escritura: Mateo 26:57–58

1. Páginas 139–146. Muchas profecías dadas cientos de años antes se cumplieron durante el juicio de Jesús, Su crucifixión y Su resurrección. Veamos las siguientes profecías y digamos cómo se cumplieron.

    a. Salmo 41:9
    b. Salmo 2:12
    c. Zacarías 13:7
    d. Salmo 22:7
    e. Salmo 22:18
    f. Salmo 34:20
    g. Zacarías 12:10
    h. Salmo 31:5

2. ¿Cómo le afecta el cumplimiento de las profecías?
3. Página 154. Todos los apóstoles excepto Juan estaban ausentes durante la crucifixión de Jesús; sin embargo, el capítulo 8 identifica a individuos que estaban cerca de Jesús en ese momento. ¿Puede identificar a quién se refiere cuando dice con un extraño... un enemigo... un criminal... y dos hombres temerosos de admitir que seguían a Jesús? Viendo esto como el amor de Dios invita a todos a acercarse a Él,

¿cuáles son algunas maneras en que podemos demostrar este amor de Dios a los demás?

4. Página 155. El capítulo 8 habla de la duda y la decepción de Tomás, que le llevaron a aislarse de los demás apóstoles y a perderse la aparición de Jesús tras la Resurrección. ¿De qué manera el aislamiento de los demás cristianos afecta a nuestra salud física, mental, emocional y espiritual?

CAPÍTULO 9

Presencia

Escritura: Juan 20:24–29

1. Página 158. Tomás fue buscado por los otros apóstoles cuando faltó a la primera reunión que Jesús tuvo con los apóstoles después de la resurrección. Si hubo un momento en que dejó de asistir fielmente a la iglesia, cuéntenos cómo alguien le tendió la mano y le ayudó a volver. O, ¿cómo obró Dios a través de usted para ayudar a alguien a volver a la comunión con el grupo?

2. Página 171. ¿Ha tenido alguna experiencia en la que dudó de que Dios estuviera respondiendo a cierta necesidad en su vida, y le dijo que no veía cómo podría servirle "a menos" que Él hiciera algo al respecto? ¿Creció su fe hasta el punto de decir "independientemente" de si Dios responde de la manera que yo pensaba, le serviré con todo mi corazón?

3. Página 163. Cuando el Cristo resucitado se apareció a Tomás y a los otros discípulos, ¿qué pudo haberle dicho Jesús a Tomás? ¿Qué le dijo Jesús a Tomás que respondiera a su necesidad más profunda? ¿Qué orden le dio Jesús a Tomás?

4. En las páginas 191–196, los autores enumeran siete dudas con las que una persona puede lidiar, cada una seguida de las Escrituras para responder a las dudas. Después de leer en voz alta la lista de dudas, les invito a que nos digan si han *luchado*

con alguna de ellas y cómo encontraron sus respuestas en la palabra de Dios.

5. Página 172. ¿Cómo le ha impactado y acercado a Jesús este estudio de la vida de Tomás?

CAPÍTULO 10

Sin límites

1. Página 173. Mirando hacia atrás, repasen entre ustedes los cuatro encuentros que los autores han descrito que tuvieron lugar entre Jesús y Tomás.
2. Página 174. De la lectura de I Corintios 5, versículos 3–8, ¿cuántas personas se dice que vieron a Jesús a la vez después de la resurrección?
3. Página 175. De la lectura de Hechos 1, versículos 4–8, ¿cuáles fueron las últimas instrucciones de Jesús a Tomás y a los demás apóstoles justo antes de ascender al Cielo?
4. Página 176. De Hebreos 7, versículo 25, y de Hebreos 9, versículo 24, ¿dónde está Jesús ahora y qué está haciendo?
5. Página 177. Tomás recibió la plenitud del Espíritu Santo como se describe en Hechos 2, junto con los demás en el cenáculo. A la luz de la evidencia de que Tomás fue asesinado mientras predicaba a Jesucristo en la India, ¿cómo describiría la diferencia que la plenitud del Espíritu Santo marcó en su vida? Hemos sabido que algunas personas de la India pueden atribuir la salvación de sus antepasados al ministerio de Tomás.
6. Página 187. De Apocalipsis 21, versículos 10 y 14, ¿qué lugar se describe como el lugar donde el nombre de Tomás se mostrará por toda la eternidad?

7. Página 187. En resumen, cuando reciba sus propias asignaciones de Dios, cuando pase por persecuciones, en lugar de elegir el silencio y la seguridad, ¿está comprometido a defender a Jesús y ser "valiente para creer"?

A Angela Donadio y Hubert Morris, autores de "Valiente para creer", les gustaría saber qué ha significado para usted el estudio de la vida de Tomás. Puede comunicarse con ellos en línea en: angeladonadio.com.

Notas

2. Llamado de entre la multitud

1. Britannica, s.v. "apostle", https://www.britannica.com /topic/Apostle.

2. Oswald Chambers, *My Utmost for His Highest*, edición actualizada, ed. James Reimann (Grand Rapids, MI: Discovery House, 1992), 17 de octubre. James Reimann (Grand Rapids, MI: Discovery House, 1992), 17 de octubre.

3. Jessie Seneca, "Walk in Your Calling with Leadership Trainer Jessie Seneca", 29 de diciembre de 2020, en *Make Life Matter*, entrevista realizada por Angela Donadio, podcast, audio MP3, 40:01, https://kingdomwinds.com /podcast/make-life-matter-walk-in-your-calling-with -leadership-trainer-jessie-seneca-2/.

4. Mark Ballenger, "3 diferencias entre la voz de Dios y la voz en tu cabeza", Apply God's Word, 20 de enero de 2019, https://applygodsword.com/3-differences-between-gods -voice-and-the-voice-in-your-head/.

5. Paula Faris, "Former Host of 'The View' Paula Faris—Called Out", 20 de agosto de 2020, en *Greenelines*, entrevista de Steve Greene, podcast, audio MP3, 36:23, https:// greenelines.libsyn.com/former-host-of-the-view-paula -faris-called-out-season-6-ep-151.

6. Dra. Naomi Dowdy, *Moving On and Moving Up* (Dallas: Naomi Dowdy Ministries, 2012).

7. Jackie Hill Perry, "A Deep Talk About Holiness", 15 de abril de 2021, en *Made for This with Jennie Allen*, podcast, audio MP3, 25:33, https://www.spreaker.com/user/jennieallen /s7-ep22-jackie-hill-perry-fc.

3. Despertar al propósito

1. Harmony Klingenmeyer, "Called to Do Hard Things", 22 de junio de 2021, en *Make Life Matter*, entrevista realizada por Angela Donadio, podcast, audio MP3, 40:58, https:// kingdomwinds.com/podcast/make-life-matter-called-to -do-hard-things-with-harmony-klingenmeyer/.

2. Mike Todd, "¿Jugar sobre seguro? This Is for You", 7 de octubre de 2021, en *Made for This with Jennie Allen*, podcast, audio MP3, 38:02, https://www.spreaker.com /user/jennieallen/s9-ep6-mike-todd-fc.

3. Bethany Marshall, "Rooted Deep in the Wait", 1 de junio de 2021, en *Make Life Matter*, entrevista con Angela Donadio, podcast, audio MP3, 36:48, https://kingdomwinds.com /podcast/make-life-matter-rooted-deep-in-the-wait-with -bethany-marshall/.

4. Hal Donaldson, "Hope That Changes Lives", 3 de mayo de 2021, en *Make Life Matter*, entrevista realizada por Angela Donadio, podcast, audio MP3, 33:07, https:// kingdomwinds.com/podcast/make-life-matter-disruptive -compassion-convoy-of-hope-with-hal-donaldson/.

4. Una estrategia

1. Definiciones de Google, s.v. "glory", de Oxford Languages.

2. Tara-Leigh Cobble, *The Bible Recap: A One-Year Guide to Reading and Understanding the Entire Bible* (Bloomington, MN: Bethany House, 2020).

5. Un paso adelante

1. Herbert Lockyer, *Todos los apóstoles de la Biblia* (Grand Rapids: Zondervan, 1988), 177.

2. Jon Tyson, *Hermosa resistencia: The Joy of Conviction in a Culture of Compromise* (Multnomah, 2016), 104.

3. Caroline Leaf, *Enciende tu cerebro: The Key to Peak Happiness, Thinking, and Health* (Grand Rapids: Baker Books, 2015), 38, 53.

4. Jan Aldridge, "Miraculously Healed", 27 de septiembre de 2021, en *Make Life Matter*, entrevista realizada por Angela Donadio, podcast, audio MP3, 40:58, https://kingdomwinds.com/podcast/make-life-matter-miraculously-healed-with-jan-aldridge/.

5. Gracia Burnham, "En presencia de mis enemigos", 20 de abril de 2021, en *Make Life Matter*, entrevista realizada por Angela Donadio, podcast, audio MP3, 43:30, https://kingdomwinds.com/podcast/make-life-matter-in-the-presence-of-my-enemies-with-gracia-burnham/.

6. Jennifer Rothschild, "Live Beyond Limits", marzo de 2021, en *Make Life Matter*, entrevista de Angela Donadio, podcast, audio MP3, 29:51, https://kingdomwinds.com/podcast/make-life-matter-live-beyond-limits-with-jennifer-rothschild/.

7. Lisa Whittle, *El bien difícil: Showing Up for God to Work in You When You Want to Shut Down* (Nashville: Thomas Nelson, 2021), 176, 184.

6. El lugar

1. "Ma Nishtana multilingüe (Cuatro preguntas)", Jabad.org, https://www.chabad.org/holidays/passover/pesach_cdo /aid/411719/jewish/Multi-Lingual-Ma-Nishtana-Four -Questions.htm.

2. Billy Graham, *Where I Am: Heaven, Eternity, and Our Life Beyond* (Nashville: Thomas Nelson, 2015).

3. A. W. Tozer, *Tozer para el líder cristiano: A 365-Day Devotional* (Chicago: Moody Publishers, 2015), 17.

4. Alisa Childers, ¿Otro Evangelio? *A Lifelong Christian Seeks Truth in Response to Progressive Christianity* (Carol Stream, IL: Tyndale Momentum, 2020), 200.

5. Angela Donadio, *Asombrados: Encountering God in Everyday* Moments (Alachua, FL: Bridge-Logos, Inc., 2020), 34.

7. El camino

1. Dustin Crowe, "Las 7 declaraciones 'YO SOY' de Jesús: Antecedentes del AT y significado del NT", *Indycrowe* (blog), 13 de febrero de 2019, https://indycrowe.com/2019/02/13/ the-7-i-am-statements-of-jesus-ot-background-nt-meaning/.

2. Gene Getz, *Los apóstoles: Becoming Unified Through Diversity (Men of Character)* (Nashville: B&H Books, 1998), 139.

3. "George Barna", Barna, https://www.barna.com/about /george-barna/.

4. George Barna, "¿La verdad de Dios o mi verdad?". 29 de agosto de 2021, en *Make Life Matter*, entrevista realizada por Angela Donadio, podcast, audio MP3, 40:58, https://

kingdomwinds.com/podcast/make-life-matter-gods
-truth-or-my-truth-with-dr-george-barna/.

8. La ausencia

1. "¿Cuántas profecías cumplió Jesús?" Got Questions,
    https://www.gotquestions.org/prophecies-of-Jesus.html.

2. "¿Qué es el culto? Proskuneo", Worship Arts Conservatory,
    10 de diciembre de 2015, https://www.worshiparts.net
    /what-is-worship-proskuneo/. Véase también James Strong,
    New Strong's Exhaustive Concordance, s.v. "proskuneo"
    (Nashville: Thomas Nelson, 2003).

9. Presencia

1. Lina AbuJamra, *Fractured Faith: Finding Your Way
    Back to God in an-Age of Deconstruction* (Chicago: Moody
    Publishers, 2021), 36.

2. Gene Getz, *Los apóstoles: Becoming Unified Through
    Diversity (Men of Character)* (Nashville: B&H Books,
    1998), 142.

3. Definiciones de Google, s.v. "blessing", de Oxford
    Languages.

10. Futuro ilimitado

1. Jeannie Cunnion, *No te lo pierdas: Daring to Believe Life
    Is Better with the Holy Spirit* (Bloomington, MN: Bethany
    House, 2021), 40-41.

2. Lucien de Guise, "La historia poco conocida de cómo Santo
    Tomás Apóstol llevó el cristianismo a la India", Aleteia,
    18 de mayo de 2018, https://aleteia.org/2018/05/18/the
    -little-known-story-of-how-st-thomas-the-apostle-brought
    -christianity-to-india/.

3. Herbert Lockyer, *Todos los apóstoles de la Biblia* (Grand Rapids: Zondervan, 1988), 260.

4. "Tomás Apóstol", Los personajes célebres, https://www.the famouspeople.com/profiles/thomas-the-apostle-37216 .php.